Traumreise-Geschichten

Ute Germann

Ute Germann wurde 1955 in Stadthagen geboren.
Nach ihrer Ausbildung zur Erzieherin leitete sie zuerst in Frankfurt und
später in Speyer eine Kindertagesstätte.

Als Entspannungspädagogin gab sie bis zu ihrer Berentung aufgrund der
Auswirkungen von Multipler Sklerose in Speyer und Umgebung
Entspannungsseminare.

Ute Germann

Traumreise-Geschichten

Eintauchen und entspannen

1. Auflage
Deutsche Erstausgabe
Copyright © 2009 by Ute Germann
Foto: Ute Germann

Herstellung und Verlag:
Books on Demand GmbH,
Norderstedt
ISBN 978-3-8391-4057-4

Für meine Kinder Jessica und Jonas

Das Traumschaf
(PC - Design: Ute Germann 1996)

Wie alles begann:

Als 20-jährige, mitten in Prüfungen stehend, begann ich mich für das Autogene Training zu interessieren und belegte einen Kurs bei der VHS. Das Erlernte brachte mir den Ausgleich zu meinem Prüfungsstress. Immer wieder setzte ich das Autogene Training ein und konnte mich innerhalb kurzer Zeit entspannen. Es wurde mein Begleiter in vielen Lebenslagen.

Mein Wissen weiterzugeben kam mir erstmals 1994 und ich erarbeitete ein Konzept anhand von Literatur der Else Müller für Kinder im Vorschulalter.
Mit Begeisterung kamen die Kinder nun einmal in der Woche in den Turnraum, um in gemütlicher Atmosphäre bei Kerzenschein und guten Düften eine „Traumreise" mit mir zu machen.

1995 lernte ich die Progressive Muskelentspannung kennen. Im Laufe von Fortbildungen kam ich mit verschiedenen Entspannungstechniken in Kontakt. Immer mehr Literatur zu diesem Thema konnte man in meinen Regalen finden.
Mein angesammeltes Wissen wollte ich nun auch Erwachsenen weitergeben. In den folgenden Wochen stellte ich ein Konzept zusammen, das vom Autogenen Training, Progressiver Muskelentspannung, Fantasiereisen über Meditationen auch die Vermittlung der Wertschätzung für den eigenen Körper beinhaltete.
Ich wand mich an unsere Pfarrerin und bot ihr an, in der Gemeinde Entspannungskurse anzubieten. Meine Idee wurde gern aufgenommen und es war auch gleich ein passender Raum dafür gefunden.
Im Oktober 1996 begann mein erstes „Traumreisenseminar". Mit Herzklopfen kam ich zur ersten Stunde. Am Ende dieses Kurses wusste ich, das war meine Welt. Seither finden Seminare in den Monaten September bis März in der Johannesgemeinde in Speyer statt.

Im Laufe der Jahre schrieb ich eigene Traumreisen: Reiseimpressionen, unterlegt mit Formeln aus dem Autogenen Training. Immer wieder war und bin ich auf der Suche nach „Wellnessgeschichten, -übungen und -gedanken".

Inzwischen kann ich auf zahlreiche verschiedene Seminarkonzepte zurückgreifen. In den vergangenen Jahren blieben mir viele Seminarteilnehmerinnen und Teilnehmer treu und kommen in Abständen wieder, wohl wissend, dass keine Stunde der anderen gleicht.

Eine Teilnehmerin verfasste das Gedicht „Traumreisen" und überließ es mir zur Veröffentlichung.

Natürlich wurde ich auch immer wieder nach meiner Ausbildung gefragt. Ich konnte meine Berufsausbildung, viele Fortbildungen und die Einweihungen bis zur Reiki - Meisterin vorweisen.

Ich begann dann nach intensiven Recherchen die Ausbildung zur Entspannungspädagogin und Kursleiterin für Autogenes Training beim Bildungswerk für therapeutische Berufe, welche ich im August 2001 mit Erfolg abschloss.

Über zehn Jahre gab ich „Traumreisenseminare" in Speyer und auch über die Grenzen hinaus.

Traumreisen
ich bleibe im Hier und jetzt
und doch reise ich
eine Reise ins ich
zu neuen, mir bekannten Orten
wecken in mir neue
oder auch nur verschüttete Gefühle

Ich trete gestärkt in die Welt

Ulrike Görgen, Speyer, den 22. 02.2001

Traumreisenseminare

Eine der Voraussetzungen der ganzheitlichen Gesundheit ist nicht nur die Körper-, sondern auch die Psychohygiene. Dies wird in der heutigen Zeit des Stresses, der Hektik, des übersteigerten Leistungsanspruches oft völlig vergessen.
Darum pflege deine Seele und beuge psychosomatischen Störungen vor. Stärke deine Abwehr- und Selbstheilungskräfte, stärke deine Konzentration.
Gebe deinem vegetativen Nervensystem wieder Kraft durch ganzheitliche Entspannung auf der Basis von Progressiver Muskelentspannung nach Jakobsen, Autogenem Training nach Schulz und gelenkter Meditation in Form von Fantasiereisen.
Begleitet von Klängen der Klangschale, des Metallophons und der Zimbel.
Tauche ab und fühle die heilsame Wirkung.
Reaktiviere deine geistig-seelischen und spirituellen Fähigkeiten.
Reaktiviere deine Gefühle und deine Sinnlichkeit. Lerne deine Energien zu mobilisieren und sinnvoll einzusetzen.
Finde zu dir selbst und deinem inneren Reichtum.

Einstimmung

Leg dich bequem und locker hin.
Verändere deine Lage ruhig sooft bis du ganz entspannt liegst.
Schließe nun deine Augen.
Du fühlst nun deinen Körper ganz bewusst wie er auf deiner Unterlage liegt.
Du spürst deinen Körper ganz bewusst und intensiv.
Deine Atmung geht ruhig und gleichmäßig.
Spüre, wie du dich mit jedem Atemzug mehr und mehr entspannst.
Mit jedem Ausatmen gibst du Spannung ab.
Du liegst vollkommen entspannt da.
Dein Körper liegt locker auf seiner Unterlage.
Deine Arme und Beine liegen ganz entspannt.
Fühle, wie sich deine Schultern lockern.
Auch deine Stirn- und Augenpartie ist ganz locker und gelöst. Du bist entspannt und ganz ruhig und vollkommen gelöst.
Genieße nun diesen Zustand der Entspannung.
Du musst überhaupt nichts leisten.
Du lässt zu, was geschieht.

Faschingszeit - Narrenzeit
31.1.2007

Es ist wieder soweit, die Narrenzeit hat fast ihren Höhepunkt erreicht.
Die Zeit des Lachens, des Neckens, des Schabernack treiben.
Eine Zeit, um einmal in andere Rollen zu schlüpfen, auszuprobieren, sich wieder einmal unheimlich jung fühlen.
Eine Zeit der Leichtigkeit, eine Zeit des Tanzes, eine Zeit des Herausschlüpfens aus dem Alltag.........die Sorgen kurz mal zur Seite schieben. Das ist Balsam für die Seele.
Du nimmst teil an dieser fünften Jahreszeit. Deine Gedanken kreisen voller Fröhlichkeit um dein Kostüm, deine Rolle, in die du schlüpfen möchtest.
Es ist schon aufregend, alles zusammen zu suchen und her zu stellen, bis auch wirklich das Kostüm deinen Vorstellungen entspricht.
Diese Vorfreude ist doch genauso schön, wie später das Erleben.
Du bist dir bewusst, so ein Fest kann man nur auskosten, wenn auch die Grundeinstellung dazu stimmt.
Ausgelassen sein, den Winter vertreiben, die dunklen Zeiten verscheuchen.
Platz machen für die helle und kraftvolle Frühlingszeit, in der alles wächst, neu beginnt mit großer Kraft.
Und erst der Tag des Erlebens. Du kannst übermütig ausprobieren, was in dir steckt. Du lernst neue Menschen kennen, du schaust sogar einiges von ihnen ab.
In dir wächst der Mut für neue Taten, deine Kraft verdoppelt sich.
Lass sie nicht verpuffen in einer Zeit des Wartens.
Trau dich und probiere dich aus. Du wirst merken, es steckt noch mehr in dir , viel mehr, als du denkst.
Nutze deine noch versteckte Kraft wie die Strahlen der Sonne.
Auch sie scheinen erst nur hell mit wenig Wärme am Anfang des Jahres. Aber sie wachsen und werden stärker, du merkst die Kraft mit dem Forstschreiten der Jahreszeit.
Auch du kannst wieder einen kraftvollen Sommer erleben. Habe nur Mut dazu und trau dich. Setze deine Kraft um in Lebendigkeit.
Gehe positiv vorwärts und du wirst merken, alles wird gut.

Die Sonne Sri Lankas

Du lässt dich ein auf eine Zeit auf Sri Lanka.
Unten auf der Insel.
Der Indische Ozean liegt vor dir.
Ruhe.
Du lauscht den Klängen des Wassers.
Deine Füße werden umspült.
Dein langes weißes Hemd weht leicht im Wind.
Langsam lässt du dich nieder und legst dich ganz am Rande des Wassers.
Die Wellen umspülen leicht deinen Körper.
Es ist, als wenn der Ozean dich sanft streichelt.
Du lässt dich vollkommen los.
Getragen vom warmen Sand und umspült vom warmen Wasser.
Dein Blick geht hinauf in den Himmel.
Zartes Blau.
Du schließt nun deine Augen und lässt dich tragen.
Deine Gedanken kommen und gehen.
Du lässt völlig los.
Deine Beine werden angenehm schwer.
Deine Arme werden angenehm schwer.
Dein Körper liegt schwer im Sand.
Angenehme Wärme durchflutet dich.
Sie strömt ganz langsam mit jeder Welle höher und höher.
Vollkommene Ruhe ist in dir.
Du bist schwer, warm und ganz entspannt.
Du kannst den Ozean riechen und schmecken.
Du fühlst dich wohl und geborgen.
Dir geht es gut.

Südseezauber

Lass dich auf eine Reise in die Südsee mit mir ein.
Du sitzt in einem Flugzeug.
Hoch über den Wolken fliegst du.
Ab und zu ein Wolkenloch und du siehst die Weite des Ozeans unter dir.
Die Sonne strahlt am Himmel.
Wenn du versuchst in ihr Licht zu schauen, wird sie wie ein gleißender Sonnenstern.
Ein Sonnenstern, der sich unter dir im Ozean vertausendfacht.
In jeder Welle spiegelt sie sich glänzend wieder.
In der Ferne siehst du eine Inselgruppe in dem strahlend blauen Wasser auftauchen.
Die Inseln bilden einen Kreis.
Alle haben Palmen und weiße Strände.
Eine Insel hat einen kleinen Flugplatz.
Dort setzt dein Flugzeug zur Landung an und sanft setzt es auf.
Nach dem Ausrollen öffnen sich die Türen um die Fluggäste aussteigen zu lassen. Freundliche Stewardessen wünschen in verschiedenen Sprachen einen angenehmen Aufenthalt.
Du trittst hinaus auf die Flugzeugtreppe und der Bann der Insel nimmt dich gefangen.
Zarte Sonnenstrahlen umschließen deinen Körper. Fast ist es, als wenn durch jede Hautpore diese sanfte Wärme dringt und dich erfüllt.
Lass es mit dir geschehen und fühle dich von der Sonne getragen.
Unten, am Ende der Treppe empfangen dich hübsche Frauen in der Tracht des Landes und legen dir einen Blütenkranz auf dein Haupt.
Sie geleiten dich zu einem mit Blumen geschmückten Jeep.
Du steigst ein und die Fahrt über die Insel beginnt.
Unterwegs siehst du staunend die Pracht der Inselvegetation.
Da gibt es diese schlanken und gerade gewachsenen Palmen.
Unten im Dickicht exotische Blumen in allen Farben und Formen.
Mal wie eine purpurfarbene Glocken-blume, mal wie ein blauer Stern oder mal wie ein goldgelber Pompon.
Nun siehst du vor dir deine Unterkunft. Ein wunderschöner weißer Bungalow. Er ist mit Möbeln aus Rohrgeflecht eingerichtet.
Dicke Polster auf den Sesseln.

Auf den Tischen und Anrichten stehen Blumensträuße floristisch zusammen gestellt.

In deinem Schlafzimmer nimmt ein pompöses Himmelbett die Hauptrolle ein. Oben an der Decke ein riesengroßer Ventilator, der die Luft angenehm bewegt.

Du betrittst die Terrasse und vor lauter Schönheit stockt dir fast der Atem. Die Terrasse ist eingesäumt von einem Blütenmeer.

Ein schneeweißer Pfad aus feinem Sand führt hinunter an den schneeweißen Strand.

Du pflückst dir eine Blume und saugst ihren Duft in deine Nase.

Barfüssig gehst du dem Strand entgegen.

Das Wasser ist so klar, dass du selbst die Fische in einiger Entfernung noch lustig herumschwimmen siehst.

Sanft umspült das Wasser nun deine Füße.

Es ist angenehm warm.

Du setzt dich auf eine am Strand liegende Palme und lässt deine Füße weiterhin sanft von den Wellen streicheln.

Dein Blick geht weit über das Meer.

Hier ist das Wasser ganz klar und etwas weiter nimmt es eine hellgrüne Farbe an um dann in weiter Ferne in ein strahlendes Blau über zu gehen.

Diese unendliche Schönheit hält dich gefangen und du lässt dich von ihr tragen.

Ruhe ist in dir, nichts als Ruhe.

Von diesem Ort geht Kraft aus.

Diese Kraft erfüllt dich ganz.

Dein Atem geht gleichmäßig.

Du fühlst dich wohl.

Diese Geschichte entstand am 29.12.02, als ich mit einer Lungenentzündung über Weihnachten im Diakonissenkrankenhaus in Speyer lag.
Diese Geschichte widme ich all den Menschen, die sich so liebevoll um mich gekümmert haben.
Herzlichen Dank.

Treppen
Luisenpark 04.09.06
Für Inge

Eingangstreppen,
Wohnungstreppen,
Kellertreppen,
Speichertreppen,
Rathaustreppen,
Kirchentreppen,
Turmtreppen,
Schlosstreppen,
Terrassentreppen,
Gasthaustreppen,
Rheinufertreppen,
Holztreppen,
Steintreppen,
Treppen mitten auf deinem Weg.
Treppen führen in verschiedene Richtungen.

Mal runter.
Mal schräg.
Mal rauf.
Stufe für Stufe.
Stück für Stück.
Treppen begleiten dein Leben.
Wieder Stufe für Stufe.
Jede Stufe bringt dich ein Stück weiter.
Höher.
Tiefer.
Du kannst sie mit Lebensstufen vergleichen.
Jede Lebensstufe kann erzählen.
Unten an der Treppe, da warst du noch klein.
Du schautest nach oben.
Da oben, da wolltest du hin. Das war dein Ziel.
Was hast du dich angestrengt eine Stufe höher zu kommen.
Manchmal brauchtest du für eine Stufe des Lebens etwas länger.
Etwas mehr Kraft.

Aber du hast sie geschafft.
Egal wie – du bist eine Stufe weiter gekommen.
Mit jeder Stufe, die du hinter dich gebracht hast, bist du ein Stück gewachsen.
Mit jeder Stufe ist auch dein Mut gewachsen, deine Kraft.
Mit jeder Stufe konntest du aus deinem Leben erzählen.
Wenn du nun zurück schaust, dann siehst du, dass die Stufen unterschiedlich hoch waren.
Einige waren so nieder, dass du zwei auf einmal nehmen konntest.
Einige waren so hoch, das du dich hoch hangeln musstest.
Nun stehst du hier auf der Stufe deines Jetzt und schaust auf ein sehr bewegtes Leben hinab.
Trotzdem bist du immer noch nicht am Ziel.
Du hast noch viel vor in deinem Leben.
Viele verschieden hohe Stufen liegen noch vor dir.
Natürlich kannst du nicht erkennen, ist es eine flache oder hohe Stufe.
Wichtig ist, die nächste Stufe mit Lebensfreude anzugehen.
Sie lässt die Kraft wachsen für die nächste Stufe.
„Geht nicht, gibt's nicht! „
Mit der Kraft der Zuversicht, des Mutes und der Lebensfreude lässt sich vieles meistern.
Egal, welchen Weg du gehst, welche Stufen du nimmst.
Schräg, rauf oder runter.
Ja, auch runter.
Manchmal ist es gut nach unten zu steigen und nochmals hoch zu schauen.
Zu schauen, ob es gut so war oder ob ein anderer Weg besser wäre.
Es steht in deiner macht, den Weg zu ändern.
Auch das gehört zum Leben.
Höhen und Tiefen.
Falsch wäre es, stehen zu bleiben.
Mit Stagnation erreichst du nichts im Leben.
Also pack es an, du schaffst es.
Bis hierher hast du es auch geschafft.
Sei dir deiner bewusst.
Du hast dein Leben und dein Glück in deiner Hand.

Fritzlar
Für Eva im Juli 2003

Ein sonnig warmer Tag .
Du setzt dich ins Auto und deine Fahrt führt dich durchs weite Land.
Reife Kornfelder warten auf den dringenden Schnitt.
Der sanfte Wind streicht zart über die Ähren.
Zwischen den weiten Feldern geschwungene Wege.
An den Rändern leuchtet das zarte Blau der Wegwarte. Stolz säumt sie den Weg.
Deine Fahrt führt dich durch Pappelalleen.
Rechts und links - kerzengerade - als beschützen sie deinen Weg.
Die Weite des Landes lässt deinen Atem frei fließen.
Tief atmest du ein. Mit jedem Einatmen fließt frische Energie in dich hinein .
Mit jedem Ausatmen lässt du Spannung los.
Freude erfüllt dein Herz.
Richtig leicht wird dir.
Gemächlich rollst du in Fritzlar ein.
An der Stadtmauer parkst du dein Auto im Schatten einer Linde.
Du gehst den Weg durch die Stadtmauer und vor dir eröffnet sich eine Märchenstadt.
Deine Augen erblicken wunderschöne Fachwerkhäuser. Sie sind mit Liebe restauriert - so fühlst du es.
Durch die enge Gasse führt dich dein Weg.
Niedrige kleine Fenster schüren deine Neugier.
Du schaust hinein.
Harmonie und Frieden strahlt dir entgegen.
Langsam gehst du weiter und nimmst dieses ausgeglichene Gefühl mit.
Die Zeit gehört dir.
Am Ende dieser Gasse eröffnet sich dir ein weiter Platz.
Er ist beschützt von kleinen, wind-schiefen Fachwerkhäusern.
Eng schmiegen sie sich aneinander.
Kraft geht von diesem Platz aus.
Vor dir ein buntes Treiben überall.
Du fühlst dich zurückgesetzt ins Mittelalter.

Frauen mit Körben in groben Leinengewändern eilen über den Platz.

Stände im Kreis aufgebaut bieten frisch gebackenes Brot, Obst und Gemüse zum verkauf an.

Zwischendrin tragen muskulöse Jungen Wassertröge in die Häuser.

Pferdefuhrwerke holpern über das buckelige Pflaster und suchen sich ihren Weg.

Die Hufe klappern im Takt.

Scheu weicht ein kleiner Hund aus.

Dein Blick geht in Richtung Brunnen.

Dort werkeln die Waschweiber und waschen schlagend ihre Wäsche.

Zwischendrin erzählen und lachen sie miteinander.

Auf einer Treppe vor einem Haus lässt du dich nieder.

Das fröhliche, bunte Treiben steckt dich an und erfüllt dein Herz.

Tiefe Atemzüge erfüllen dich.

Du schließt die Augen und lässt die Geräuschkulisse auf dich wirken.

Je nachdem, wohin du dich konzentrierst, immer wieder ein anderes Leben.

Du fühlst dich wohl.

Ruhe strömt durch deinen Körper und erfüllt dich.

Ruhe – nichts als Ruhe und Zufriedenheit.

Frühling in Bad Zwesten
Woche nach Ostern 2005

Lege dich bequem auf deine Unterlage.
Sei dir bewusst, dass sie dich schützt und trägt.
Dein Atem kommt und geht.
Es atmet dich.
Du kannst dich deiner Unterlage anvertrauen.
Du hast jetzt arbeitsfrei.
Wenn du magst, lass dich ein auf eine Traumreise mit mir.
Ein Urlaub im kurhessischen Bergland.
Hoch über Bad Zwesten.
Das Dorf liegt dir zu Füßen.
Es schmiegt sich in die Senke.
Dort liegt es vertraut und beschützt.
Dein Blick hebt sich und schweift in die Ferne.
Weit, sehr weit kannst du deinen Blick schweifen lassen.
Sanfte Hügel umgeben den kleinen Kurort.
Es ist Frühling.
Die Felder zeigen dir das zarte Grün des Wintergetreides.
Die Knospen an den Bäumen sind prall – kurz vor dem Aufspringen.
Du fühlst geballte Energie, die bereit ist zu explodieren.
Die Frühjahrssonne kann bereits tief in dich hineindringen und dir ihre Kraft zeigen.
Überall dort, wo sie auf deinen Körper trifft, erwärmt und stärkt sie dich.
Hellblau ist der Himmel.
Dunkel heben sich die Nadelbäume ab von dem hellen Grün der Wiesen und den roten Dächern der Häuser.
In zartem weißgelb zeigt sich der Weidenkatzenstrauch überall als I-Tüpfelchen in der Landschaft verteilt.
In den Vorgärten die Frühlingsblumen – gelb, rot, blau, lila.
Obwohl Ostern bereits vorbei ist, kannst du den Hauch des Festlichen noch spüren.
Noch findest du die bunte Vielfalt der leuchtenden Eier an den Sträuchern und Bäumen vor den Häusern.
Du kannst die Kraft des Frühlings mit jedem Atemzug in dich aufnehmen.
Jeder Atemzug füllt dich mehr und mehr.

19

Du spürst den Austausch von verbrauchter Energie beim Ausatmen
und die Frische der Energie beim Einatmen.
Kraft und Freude erfüllt dich.
Du fühlst dich wohl.
Bleibe noch eine Weile an diesem Ort und genieße ihn.

Sonnenmeditation

Lege dich auf deine Unterlage.
Du weißt, deine Unterlage trägt und beschützt dich.
Verändere so lange deine Lage, bis du ganz bequem liegst.
Atme noch ein paar Mal tief ein und lasse den Atem kommen und
gehen.
Mit jedem Ausatmen lässt du mehr und mehr Spannung ab.
In Gedanken gehst du durch deinen Körper, damit du bei
vorhandenen Spannungen dort deinen Atem hinschicken kannst.
Lass vollständig los.
Deine Muskeln sind vollständig gelöst und entspannt.
Du fühlst dich wohl.

Es ist ein warmer wunderschöner Sommertag.
Du liegst auf einer Wiese.
Viele Gänseblümchen wachsen dort.
Das Gras fühlt sich ganz fein und weich an.
Über dir spannt sich ein wunderschöner blauer Himmel. Weiße
Wattewolken ziehen gemächlich vorüber.
Schwalben spielen mit einer Leichtigkeit Fangen in der Luft.
Du spürst die Wärme des Tages.
Du schließt deine Augen.
Nur mit deinen Ohren hörst du die Harmonie um dich herum.
Vogelgezwitscher.
Bienengesumm.
Diese Ruhe macht sich in dir breit.
Ruhe in dir, nichts als Ruhe.
Genau in diesem Augenblick fühlst du die Sonnenstrahlen auf dir.
Es ist, als wenn sie dich streicheln.
Ja, du fühlst die Strahlen.
Sie strahlen auf deine Füße und du fühlst, wie sich es die Wärme
dort bequem macht.
Die Wärme breitet sich aus und fühlst, wie sie deine Beine
durchflutet. Immer mehr Sonnenstrahlen liebkosen dich.
Du fühlst die Wärme durch deine Beine in deine Lenden aufsteigen.
Dein Bauchraum wird angenehm warm.
Dir geht es gut.
Auch deine Hände fühlen intensiv diese Wärme.

Deine Arme werden angenehm durchflutet.
Die Wärme setzt sich auch in deinen Schultern fort.
Diese Wärme in deinem Körper ist sehr angenehm.
Das Fluten der Wärme ist eine vollkommene streichelnde Massage und du kannst noch vorhandene Spannungen lösen.
Weich liegst du auf der Wiese.
Angenehm warm durchfluten deinen Körper die Strahlen der Sonne.
Du fühlst dich angenehm getragen und wohl.
Genieße diesen Augenblick noch eine Weile.
Du fühlst dich wohl.

Urlaubsträume

Urlaubszeit. Du nimmst dir die Zeit. Ganz allein für dich.
Heute gehst du an den See. Herrlich scheint die Sonne.
Ein Buch nimmst du mit.
Am Ufer des Sees liegt das kleine Boot. Im Boot ist eine Decke.
Schau sie dir an. Sie kleidet das Boot aus.
Du legst das Buch in das Boot. Vorsichtig steigst du hinein.
Sachte schaukelt es hin und her.
Du löst die Leine und lässt dich mit dem Boot einfach treiben.

Dein Buch liegt auf deinem Schoß. Du schlägst es auf und beginnst
zu lesen. Sanft wiegt das kleine Boot über den See.
Du vertiefst dich immer weiter in das Buch. Um dich herum ist alles
gleichgültig. Nur du und dein Buch zählen.
Es handelt von einer Südseeinsel.
Die Sonne scheint hier auf dem See fast genauso warm, wie auf der
Insel deines Buches. Die Wärme erfüllt dich. Angenehm warme
Strahlen treffen dich.
Geborgen liegst du in deinem Boot und beginnst zu träumen.

Deine Südseeinsel ist ein Gedicht aus Farben.
In hellblauem Wasser liegt sie. Der Strand ist honiggelb.
Kokospalmen stehen am Ufer. Manche stehen ganz schräg, so als
wollten sie sich legen. Auf so eine Palme setzt du dich.
Vor dir das hellblaue Meer mit sanften Wellen.
Hinter dir das Leben fast wie ein Dschungel.
Kräftig dunkles Grün. Große Blätter.

Zwischen drin in den Bäumen fliegen kunterbunte Papageien. Sie
spielen Fangen. Ganz leicht, wie Wellen ist ihr Flug. Immer
paarweise setzen sie sich auf die Äste. Zärtlich schnäbeln sie.
Untereinander pflegen sie ihr Federkleid. Große Exemplare sind
dabei. Wunderschön sehen sie aus. Schau sie dir in Ruhe
nacheinander an.
Welche Farbe fasziniert dich am meisten? Halte sie fest und merke
die Ruhe, die sie ausstrahlt.

Deine Glieder werden angenehm schwer. Ruhe dringt in dich hinein. Du fühlst die Lösung deiner Spannungen. Überall lässt du los. Wärme durchflutet in angenehmer Art deinen Körper.

Nichts trübt deine Gedanken. Völlig ruhig und gelöst bist du, ganz entspannt. In Geist und Seele ist es ruhig. Dein Atem geht ganz leicht. Es atmet dich. Dein Kopf ist klar.

Urlaub in der Toskana
01.10.2002

Unvergleichlich diese Landschaft .
Sanfte Hügel und Berge, wohin du schaust.
Aufgelockert sind die Weizenfelder durch lange Reihen von Pinienbäumen.
Zwischendrin die schlanken Silhouetten der Zypressen.
Blühende Wiesen in gelb und rot.

Die zarten Schwingungen, die hier von diesem Ort ausgehen, setzen sich in dir fort. Diese Ruhe breitet sich auch in dir aus.
Hoch auf einem der Berge liegt die Ferienanlage inmitten eines kleinen Wäldchens. Eine Schotterstrasse führt hinauf.
Hier stehen typische Häuser der Toskana. Aus Tuffsteinen gebaut und mit terrracottafarbenen Dächern schmiegen sie sich in die Landschaft.
Die Terrasse überdacht - typische Rundbögen geben den Blick frei.
Frei ins Tal kann man hier schauen.

Du siehst auch hier wieder sanfte Hügel, Wiesen, Felder und immer wieder die markanten Pinien und Zypressen.
Und zwischen diesen Häusern eine gepflegte Swimmingpoolanlage.
Hellblaues, sauberes Wasser in einem mondförmigen Becken.
Liegestühle laden zum Verweilen ein.
Du spannst eine Sonnenschirm auf.
Mit dem Kopf im kühlen Schatten lässt du dich   auf einer Liege nieder.
Die Sonne streichelt deinen Körper.
Ihre Wärme dringt langsam in dich ein.
Wohlig warm wird dir.
Du fühlst die fließende Wärme sich regelrecht in deinem Körper verteilen.
Von deinem Sonnengeflecht aus strömt sie in alle Ecken deines Körpers.
Fühl mal wie sanft die Wärme in deine Beine strömt bis hinunter in den letzten Zeh.
Angenehm ist diese Wärme.

Diese Wärme strahlt auch in deine Arme bis in die Fingerspitzen.
Mit dieser strömenden, angenehmen Wärme fühlst du Energie durch
deinen Körper strömen.

Dein regelmäßiges Atmen unterstützt das Fließen dieser Energie.
Genieße diesen Zustand der Ruhe und Gelassenheit, die dich nun
umgibt.
Leise hörst die den Gesang der Vögel.
Ab und zu brummt eine Hummel oder ein kleiner Käfer an dir
vorbei.
Die Leute um dich herum genießen wie du den Tag.
Wärme, Ruhe und Frieden.
Du bist völlig entspannt und gelöst.

Kleinigkeiten
Für Birgit

Ein klein wenig ausruhen vom Alltag möchtest du.
Du ziehst dich an und verlässt das Haus.
Dein Weg führt dich zum Bach.
Dieser Bach war schon immer dein Begleiter in vielen Lebenslagen.

Heute möchtest du die Ruhe, die von dem plätschernden Wasser ausgeht, in dich aufsaugen wie ein Schwamm.
Was macht dich eigentlich immer so ruhig hier?

Da ist das viele Grün.
Es setzt sich aus verschiedenen Nuancen zusammen –
Schau nur ins Gras.
Man kann sofort das andere Grün des Breitwegerichs oder des Sauerampfers erkennen.
Es ist nur winzigkleinwenig anders Grün.

Auf dem ausgetretenen Weg erlebst du die verschiedensten Brauntöne .
Auch hier sehen zwei Steine nicht gleich aus.
Und wenn sie nur winzigkleinwenig abweichen von der Farbe.

Du schaust in die kleinen Wellen des Wassers.
So viele Grau- und Blauabstufungen.
Auch hier winzigkleinwenig anders.

Der Himmel spiegelt sich im Wasser.
Schau hinauf und ergründe ihn.
Jedes Fleckchen ist winzigkleinwenig anders.

Du lässt den Blick den Bach entlang gleiten.
Schiefe Zäune zäumen Wiesen ein.
Weiden neigen sich dem Wasser zu.
Sumpfdotterblumen leuchten mit ihrem Gelb.

Ein Entenpaar.

Er – farbenprächtig, winzigkleinwenige Farbabweichungen schillern
sogar.
Sie -   eine Mischung aus winzigkleinwenig abweichenden
Brauntönen.

Ein blühender Holunderbusch.
In dem Weiß spiegelt sich das Weiß der Wolken wieder.
Es ist nur winzigkleinwenig anders Weiß.

Aus diesem winzigkleinwenig Anderssein setzt sich unsere Welt
zusammen.

Du spürst die Wichtigkeit von WINZIGKLEINWENIGANDERS

Und es sind doch nur Kleinigkeiten.

ODER???????

Spuren

Für meine beste Freundin Heidi
Egmont an Zee (Holland),
November 2001
Mein erster Urlaub nach der Diagnose MS

Es ist ein sonniger Tag an der Nordsee.
Sanft weht der Wind.
Er spielt zärtlich mit deinen Haaren.
Barfuss gehst du den Strand entlang.
Hier gibt es wenig Touristen.
Du bist allein.
Eine Möwe begleitet dich trippelnd über den Strand.
Du drehst dich langsam um und gehst der Möwe entgegen.
Sie schaut dich erstaunt an.
Langsam beginnt sie einen Bogen zu trippeln.
Du siehst ihre Spuren im Sand.
Gleichmäßig ziehen sie sich hin.
Eine vorwitzige Welle versucht die Spuren zu verwischen.
Sie schafft es.
Jedoch kommen andere Spuren zum Vorschein.
Eine dicke und ein paar kleine Muscheln liegen frei.
Die Welle zieht drum herum etwas Sand mit sich.
Wie kleine Kanäle ziehen sich kleine Rillen bis ins Wasser.
Langsam gehst du weiter.
Nun schaut etwas brauner Seetang aus dem Sand heraus .Durch das
Nordseewasser glänzt er richtig.
Schau ihn dir genau an.
Krusselig liegt er da.
Etwas Seeschaum zwischendrin.
Eine Muschel in ihm versteckt.
Dein Blick geht nun über das Wasser.
Welche Farbe hat die See?
Welche Farbe hat der Himmel?
Dein Blick geht zurück zum Strand.
Welche Farbe hat dieser.
Du schaust hinunter an dir und siehst deine Füße.
Welche Farbe haben sie?

Empfindest du alle Farben nicht sehr harmonisch?

Deine Füße gehören auch zu denen, welche Spuren hinterlassen.

Dein Blick geht nun zurück den Weg, auf den du gegangen bist.

Eine starke Spur hast du hinterlassen.

Auch wenn die Wellen sie wieder fortspülen, du kannst immer wieder neue Spuren machen.

Mit dem großen Zeh kannst du in den Sand schreiben.

Mit allen Zehen kannst du Muster machen.

Die Ferse kann sich tief in den Sand bohren.

Wechsel ruhig mal die Füße, nimm nun den anderen.

Versuche deine Aktionen mit deinen Füßen im Sand zu erspüren.

Auch wenn du nur auf einem Bein stehst, fühlst du dich getragen.

Geh nun bis zum Knöchel ins Wasser und spüre.

Das Wasser umschmeichelt dich.

Jedoch versucht es dir den Boden zu klauen.

Der Sand unter deinen Füßen wird weggespült.

Du hast aber die Macht, den Fuß wieder mit festem Boden unter sich zu versehen.

Du hebst den Fuß und stellst ihn wieder hin.

Das Spiel gefällt dir.

Du bist auf der sicheren Seite.

Dir geht es gut.

Lächelnd gehst du weiter den Strand entlang.

Marbella
24.12.2004 auf dem Balkon vom Studio in Marbesa/Marbella

Lass dich ein auf eine Fantasiereise der Wirklichkeit mit mir.
Stell dir vor, du hast Urlaub.
Urlaub.
Dazu gehört die Sonne.
Du findest sie in Andalusien.
In Marbella hast du den Ort gefunden.
Marbella.
Kleine Gassen.
Kleine Geschäfte.
Urlaub, einfach nur Urlaub.
Du hast alle Zeit der Welt.
Gemächlich lässt du dich treiben.
Dieses Treiben lassen genießt du in vollen Zügen.
Kleine, verwinkelte Gassen.
An den Hauswänden Töpfe mit Blumen.
Blumen in allen Farben.
Du lässt dieses Farbenspiel auf dich wirken.
Vor den Häusern bunte Ware, zum Verkauf angeboten.
Eine herrliche Vielfalt.
Freundliche Gesichter. Lachen.
Hier kannst du den Ballast der letzten Wochen abwerfen und du spürst die Leichtigkeit, welche sich immer mehr in dir ausbreitet.
Apfelsinenbäume zieren die Plätze.
Strelizien, Bananen, Palmen, große Kakteen mit den wundersamsten Blüten –
Urlaubsstimmung.
Dein Weg führt dich aus der Altstadt heraus.
Dein Ziel ist der Strand.
Du kommst an vielen Bronzefiguren Dalis vorbei.
Zu beiden Seiten dieser Promenade sitzen Menschen auf den Bänken in der Sonne.
Blauer Himmel und Sonne – herrlich.
Deine Schultern entspannen immer mehr und je mehr du dich dem Wasser näherst, um so leichter wird dein Schritt.
Am Strand ziehst du deine Schuhe aus.
Der Sand mit seiner Wärme trägt dich.

Deine Füße spielen mit ihm.
Wellen rollen auf dich zu.
Du krempelst deine Hose hoch.
Das kühle Nass erfrischt deine Füße.
In Gedanken versunken läufst du den Strand entlang.
Nichts tun – herrlich.
Über dir der Schrei der Möwen.
Das Rauschen des Meeres.
Deine Nase kann das Salz des Wassers riechen.
Urlaub.
Ruhe.
Ausspannen.
Loslassen.
Du hast einen schönen Platz am Strand gefunden.
Hier legst du dich in den angenehm warmen Sand.
Du kannst dich richtig hineinschmiegen.
Es ist fast so wie in einem Bett.
Du fühlst dich getragen und beschützt.
Deine Augen geschlossen, fühlst du die Wärme der Sonne auf deinem Körper.
Der sanfte Wind streichelt dich.
Wohlig warm wird dir.
Ruhe, nichts als Ruhe.
Du fühlst dich wohl und genießt die Zeit.

Über den Wolken
4.10.04

Du möchtest heute einmal vollkommen entspannen.
Schließe deine Augen. Lass deinen Atem kommen und gehen.
Mit jedem Ausatmen spürst du, wie sich deine Spannungen immer mehr lösen.
Dort wo noch Verspannungen sind, schicke deinen Atem hin und streiche sie mit deinem Atem glatt.
Du kannst immer mehr loslassen. Ruhe breitet sich aus. Ruhe – nichts als Ruhe
Hoch über den Wolken ist die Freiheit grenzenlos. Du wünscht dich dorthin.
Vielleicht fliegst du nun in einem Ballonkorb oder einem Segelflugzeug über den Wolken.
Unter dir die Wolken wie Watteberge – weiß und flauschig.
Stille ist hier oben – watteweiche Stille
Über dir der Himmel – himmelblau. Unendliche Weite.
Du genießt diese Ruhe und saugst sie genüsslich in dich auf.
Du fühlst dich frei und leicht.
Durch ein Wolkenloch kannst du hinunter blicken.
Unter dir Sand – nichts als Sand. Sandberge. Sandwellen
Eine sanfte Farbe hat der Sand. Auch hier fühlst du unendliche Freiheit. Die Wolkendecke schließt sich langsam wieder. Schau dir die Wolkenberge an.
In manchen Gebilden kannst du durch deine Fantasie etwas entstehen lassen.
Tiere – Menschen..... Abstraktes
Und immer wieder unendliche Weite.
Wieder öffnet die Wolkendecke sich und gibt dir den Blick frei.
Wasser. Der Ozean. Die Sonne glitzert in den Wellen.
Inseln mit Palmen und weißen Stränden liegen unter dir. Um die Insel kannst du die Korallenriffe sehen. An den Riffen brechen sich die Wellen.
Immer mehr Inseln kannst du sehen. Ein ganzes Atoll liegt unter dir.
Unberührte Natur.
Unberührte Schönheit.
Und auch hier unbegrenzte Weite.

Das glitzernde Wasser. Unendlich bis an den Horizont.
Schatten der Wolken malen Silhouetten.
Du gibst dich dieser Freiheit, die dich durchflutet, hin.
Frei und losgelöst schwebst du über den Wolken.
Ein Glücksgefühl.
Fröhlichkeit.
Leichtigkeit.
Genuss.

Nicht nur Jahreszeiten

Du bist ein Schulkind und spielst auf der Wiese am Bach.
Es ist Frühling. Die Bäume und Sträucher haben nun schon recht dicke Knospen. An deinem Haselnussstrauch siehst du schon ab und zu schon ein kleines Blatt, dass sich getraut hat zum Vorschein zu kommen. Es ist hellgrün und ganz zart. Liebevoll streichelst du eines dieser Blätter und begrüßt es.
Dein Blick geht nun zum Bach hin. Das Wasser fließt sehr schnell. Der Bach ist randgefüllt. Seine Farbe ist graublau. Du gehst am Rand in die Hocke und schaust den Wellen zu. Irgendwie sieht es lustig aus, wie die Wellen so springen können. Du wirfst etwas Gras in das Wasser und siehst, wie es sich verteilt und schnell davon fließt. Ob es wohl bis ans große Meer kommt? – Na klar, du bist dir ganz sicher, so wird es sein!

Einige Jahre später:
Heute kommst du, wie schon so viele Male vorher, an deinen Bach. Du bist nun eine junge Frau (junger Mann), sportlich gekleidet und legst dich am Ufer nieder. Die Sommersonne wärmt dich. Du stützt dich auf deine Ellenbogen und schaust dem Treiben deines Baches zu. Die Bäume und Sträucher stehen in sattem Grün, auf der Wiese summen Bienen und Hummeln, um den Nektar aus den dicken Löwenzahnblüten zu holen. Dein Haselnussstrauch ist gewachsen. Der Bach fließt ruhig und trägt eine Entenfamilie. Sein Wasser hat eine schöne blaue Farbe. Auf der anderen Seite springen zwei Pferde um die Wette. An der Tränke steht die Stute mit ihrem kleinen Fohlen. Liebevoll leckt sie das Fell ihres Kindes, während es von der Mutter trinkt. Du legst deinen Kopf auf deine Arme und saugst den Duft der Wiese in dich ein. Ruhe umfängt dich. Du fühlst dich gelöst und frei.

25 Jahre später kommst du zurück an deine Stelle an deinem Lieblingsbach. Es ist Herbst und du warst schon lange nicht mehr hier. Die Wiese ist noch nicht gemäht und trägt ein saftiges Grün. Dein Haselnussstrauch hat ein wunderbares Rot. Die Bäume strahlen bunte sättigende Farben aus. Dein Bach fließt ruhig – gleichmäßig. Deine Gedanken gleichen sich dem Fluss des Wassers an. Du bist nicht nur älter, sondern auch erfahrener geworden. Du ruhst nun in

dir. Auf der anderen Uferseite gibt es immer noch die Pferdekoppel. Die Pferde grasen - und ab und zu schauen sie dich an.
Entspannung fließt durch deinen Körper. Ruhe ist in dir.

Nun ist es Winter. Dein Haar ist weiß geworden. Falten in deinem Gesicht können viele Geschichten erzählen. Du kommst immer mal wieder zu deinem Bach zurück. Eng verbunden ist diese Stelle mit dir. Hierher kommst du nun schon dein Leben lang. Dein warmer, dicker Mantel hüllt dich ein. Schal und Handschuhe schützen dich vor der Kälte. Dein Atem ist sichtbar. Die Bäume sind weiß und glitzern richtig. Dein Bach plätschert in die Stille hinein. Am Rande ist er gefroren. Das Entenpaar kommt herbei um zu schauen, ob du etwas für sie hast. Kleine Brotstückchen wirfst du ihnen zu. Mit jedem Stück kommt ein Stück Erinnerung in dir auf. So viele Dinge durftest du erfahren, so viele Flecken der Erde hast du erkundet. Aus Missgeschicken hast du gelernt. Mit jedem Lebensjahr bist du erfahrener und weiser geworden. Diese Lebenserfahrungen kann dir niemand nehmen. Mit ihnen bist du zu dem geworden was du nun bist.

Größe erfüllt dich, Ruhe durchfließt deinen Körper, Gelassenheit macht sich breit. Du bist zufrieden mit deinem Leben.

Watteweich
Entstand in der Nacht zum 21.11.2006

Heute nimmst du dir wieder eine Auszeit.
Zeit nur für dich.
Die Sonne scheint und wärmt.
Es ist Zeit für einen Spaziergang.
Du ziehst dir deine bequemsten Schuhe an und schlingst eine Weste um deine Hüften.
Dann verlässt du das Haus.
Die Luft ist klar und rein.
Tief atmest du diese klare und erfrischende Luft in dich hinein.
Dein Weg führt über Wiesen mit wilden Blumen.
Saftig steht das Gras in seinem Grün.
Diese Farbe beruhigt dein Gemüt und deine Schritte im Gras werden abgefedert.
Weit vor dir siehst du eine Schafherde.
Der Hirtenhund hilft sie beisammen zu halten.
Der Schäfer steht gestützt auf seinem Stock und raucht genüsslich seine Pfeife.
Du kommst näher und siehst die Schafe blökend grasen.
Die kleinen Böckchen springen um die Wette.
Lustig sieht das aus.
Der Schäfer hat ein freundliches, wettergegerbtes Gesicht unter seinem ausgebeulten Hut.
Kurze, halblaute Befehle setzen den Hirtenhund in Bewegung.
Die Schafherde trottet gemächlich weiter.
Zu deinem Erstaunen ziehst du auf der grünen Wiese einen großen weißen Fleck.
Als du näher kommst, erkennst du, dass dieser Fleck nur aus feiner weißer Wolle besteht.
Es ist grad so, als wenn die Schafe dir hier einen watteweichen Teppich hinterlassen hat.
Langsam trittst du näher.
Diese Wattewiese besteht aus lauter flauschigen Wattebällchen.
Sie liegen mehrfach übereinander und bilden so den Teppich.
Vorsichtig ziehst du dir einen Schuh aus und stellst den Fuß auf diesen Teppich.
Ach, wie weich.

Auch den zweiten Schuh streifst du dir vom Fuß und behutsam lenkst du deine Schritte in die Mitte des Teppichs.

Sanft federnd sind deine Schritte, fast so, als würdest du ein wenig schweben.

Du setzt dich nieder.

Deine Hände streicheln diese Wattebausche.

Ganz zart und weich fühlen sie sich an.

Ein schönes Gefühl.

Langsam legst du dich hin.

Herrlich weich dieser Teppich.

Du rollst dich hin und her und bleibst schließlich auf dem Rücken liegen.

Dein Blick geht zum Himmel hinauf.

Dort oben wiederholt die Situation sich.

Viele Wolken, wie Wattebäuschen aneinander gereiht, ziehen ruhig dahin.

Dazwischen leuchtend blauer Himmel.

Du kommst dir vor, als wenn du flögest und weiterziehst mit den Wolken.

Alles an dir wird so leicht wie ein Wattebausch.

Du spürst deine Leichtigkeit und gibst dich ihr voller Vertrauen hin.

Diese Leichtigkeit macht dich innerlich friedlich und froh.

Und du kannst so richtig genießen.

Verweile einen großen Moment an diesem Platz und tanke die leichte Fröhlichkeit.

Dir geht es gut.

Der Adler

Du bist hoch oben auf einem Berg.
Die Sonne scheint.
Du kannst weit schauen. Du siehst die Dörfer im Tal.
Sie schmiegen sich an die Berge an.
Du möchtest mehr sehen.
Du verwandelst dich in einen Adler.
Die Flügel ausgebreitet schwebst du nun los.
Ruhe kommt auf.
Du gleitest ganz ruhig.
Langsam geht es hinunter ins Tal.
Du siehst die Kühe auf den Weiden grasen.
Ein Bauer mit seinem Traktor auf dem Feld.
Ein Bach schlängelt sich durch das Tal.
Du fliegst diesen Bach entlang.
Weiden wachsen an seinem Rand.
Spaziergänger schauen zu dir hinauf.
Majestätisch segelst du weiter.
Du hörst die Luft.
Du genießt die Freiheit.
Der Bach wird breiter.
Er ist zu einem See gestaut.
Segelboote gleiten über den See hinweg.
Am Rand siehst du Menschen, die sich sonnen.
Du fliegst weiter.
Diesmal geht dein Flug wieder nach oben.
Über Wiesen und Wälder.
Über einzelne Häuser.
Du fliegst über die Spitze des Berges hinaus.
Du fühlst dich frei.
Den Wolken kommst du immer näher.
Durch sie hindurch geht dein Flug, bis du über den Wolken schwebst.
Du bist auch innerlich frei.
Du holst dir, was dir zusteht.
Du lebst im Einklang mit deiner Welt.
Lass dich noch eine Weile treiben und spüre die Freude in dir.
Langsam fliegst du dorthin zurück, wo dein Flug begann.

Der Regenbogen

Du machst einen Spaziergang.
Strahlender Sonnenschein.
Der Himmel - hellblau mit einigen weißen Wolken.
Die Luft ist frisch und schmeckt rein - gefiltert von den großen Bäumen dieses herrlichen Mischwaldes.
Am Rande angekommen kannst du über die unendliche Weite einer Wiese schauen.
Am Horizont siehst du ganz graue Wolken.
Dort regnet es.
Über dir jedoch scheint die Sonne mit großer Intensität.
Auf der Wiese liegen mehrere Baumstämme, auf denen du dich nun niederlässt.
Was für ein Schauspiel die Natur doch bieten kann.
Hier der Sonnenschein und dort sieht man den Regen wie in Bindfäden auf die Erde niederzugehen.
Die Vögel fliegen tief.
Ein paar Schmetterlinge umschwärmen einige einzelne Blüten auf der Wiese.
In der Luft tanzen die Schnaken.
Der Regen lässt langsam nach.
Der Himmel verändert sich und nach und nach zeichnet sich der Regenbogen ganz scharf am Himmel ab.
So kräftige Farben sieht man selten.
Vom Rot ins Orange, weiter ins Gelb, hinüber ins Grün, ins Blau und von dort aus ins Violett.
Schau dir diesen Regenbogen genau an.
Ja, du wirst eins mit dem Regenbogen.
Du fühlst das Ziegelrot in dir.
Diese Farbe wärmt dich und nährt dich mit einer physischen Energie und Stärk.
Dieses Ziegelrot lockt den Kampfgeist und den Mut in dir.
Nun wirst du eins mit dem Orange.
Diese Farbe liebt den Tanz und die Musik.
Zuversicht und Fröhlichkeit durchflutet dich.

Langsam wechselst du vom Orange ins Gelb hinüber.
Diese Farbe schärft deinen Verstand, deine Vorstellungen.

Dein Verstand wird ganz klar.

Auch das Grün macht sich in dir breit.
Grün - die Farbe der Hoffnung.
Die Farbe der Beständigkeit, der Phantasie und der erfrischenden
Natürlichkeit.
Diese Farbe beruhigt und erfrischt gleichzeitig.

Im Blau angekommen breitet sich eine tiefe Ruhe und eine heitere
Gelassenheit in dir aus.
Dieses Blau vermittelt dir Konzentration und Stabilität.

Das Violett schließt dich sanft ein.
Hier erfährst du die Weisheit und Liebe.
Wunderbare Schwingungen gehen durch deinen Körper.
Sie bringen Freundlichkeit und Hilfsbereitschaft.
Diese Farbe inspiriert dich zu neuen Taten.

Die Farben des Regenbogens haben dir soviel gegeben.
Diesem Regenbogen kannst du nur danken.
Wundervoll entspannt, erfrischt und kräftig ruhst du noch einen
Augenblick und genießt dieses herrliche Gefühl.

Die Wüste

Du liegst inmitten einem Meer aus gelben Sand.
Dein Körper schmiegt sich in den Sand hinein.
Es ist ein angenehmes Liegen.
Deine Hände schaufeln neben dir im Sand.
Du lässt ihn durch deine Finger rieseln.
Immer und immer wieder.
Die Sonne am Himmel brennt heiß.
Aber das stört dich nicht, du empfindest es als sehr angenehm von den Sonnenstrahlen durchflutet zu werden.
Du stehst nun auf und schaust dich um.
Überall Sand – goldgelber feiner Sand.
Du gehst einfach drauf los.
Zuerst merkst du den Widerstand beim Laufen, es geht etwas schwer.
Je länger du läufst, umso einfacher geht es.
Am Horizont erscheint etwas Grünes.
Eine Fata Morgana?
Du gehst darauf zu.
Um dich herum nur feiner gelber Sand und Stille.
Die Stille erfüllt dich ganz.
Ruhe und Frieden erfüllen deinen Körper.
Mit einer Leichtigkeit gehst du auf den grünen Fleck zu.
Es ist eine Oase.
Dort angekommen, breitet sich eine herrliche Vegetation aus.
Palmen, Wiese und herrliche bunte Blumen.
Große Blumen in einem herrlichen Rot.
Gekräuselte Blumen in einem herrlichen Blau.
Längliche gelbe Blumen.
Dicke rosa Blumen.
Weiße Blumen, die aussehen wie ein Stern.
Kleine lila Blumen verstecken sich im Gras.
Inmitten dieser Farbenpracht ist eine Quelle.
Du gehst zu ihr hin .
Du setzt dich auf einen Stein und erfrischt dich mit dem glasklaren Wasser. Hier hört man Vögel zwitschern, höre dem Konzert einfach nur zu. Frieden erfüllt dich ganz und gar.
Hier tankst du auf, du nimmst, was du brauchst.

Der innere Tresor

Pack deine Gedanken und Sorgen in ein Paket/Päckchen oder einen Brief.
Dieses wirst du in deinem Tresor aufbewahren, bis die Zeit gereift ist und du bereit bist, deine Sorgen, dein Problem zu verarbeiten.

Stell dir dein Haus vor, indem sich dein Tresor befindet.
Es ist ein besonderes Gebäude.
Stell es dir groß und freundlich vor.
Schau dir die Eingangstür genau an.
Vielleicht führen sogar Treppen zu ihr.

Gehe mit festen Schritten auf die Eingangstür zu und öffne sie.
Dahinter befindet sich ein heller Gang oder eine helle Halle.
Stell dich mittenrein und lasse die Atmosphäre auf dich wirken.
Geh nun weiter bis zur Treppe.
Wenn du hinuntergegangen bist, gehst du den hellen Gang weiter.
Du kommst zu deinem Tresorraum.
Schau dir die Tür genau an.
Du bist die/der Einzige, welche/r die Kombination und das Schloss dieser Tür kennt.
Öffne die Türe und trete langsam ein.

Nun schau dir den Tresorinnenraum genau an.
Vielleicht befinden sich viele Regale oder auch Schubladen in diesem Raum.
Du kannst genügend Pakete, Päckchen und Briefe hier lagern.
Nimm nun dein Mitgebrachtes und lagerst es hier ein.
Du vereinbarst mit deinem Körper ein körperlich spürbares Zeichen, z. B. eine geballte Faust, um dich immer wieder daran erinnern zu können, dass es diesen Tresor für dich gibt.
Dann drehst du dich um und verlässt den Raum.
Du verschließt die Tür.

Das Gefühl der Sicherheit ist auf deiner Seite.
Hier konntest du lassen, was dich im Moment stört.
Du weißt, dass du dich später darum kümmerst.

Du weißt dein Paket, dein Päckchen, deinen Brief hier gut aufgehoben.
Niemand kann diese verschlossene Tür öffnen, außer du.

Du gehst die Treppe mit einer Leichtigkeit hinauf.
Durchschreite den hellen Gang, die helle Halle und trete nach draußen.

Draußen empfängt dich die Wärme der Sonne.
Du lässt die Strahlen durch deinen Körper fließen und spürst unendliche Kraft in dir.
Jetzt geht es dir gut.

Der Mutmachbaum
Heilsbach 30.8.05

Vorab werden Früchte des Baumes gesammelt und an die Teilnehmenden verteilt, mit der Bitte, diese Frucht in die linke Hand (Herzhand) zu nehmen.

Du hast die Frucht des Baumes in deiner linken Hand. Sie hilft dir deinen Mutmachbaum zu finden.

Schließe deine Augen und horche in dich hinein.
Sitz/liegst du bequem? Verändere deine Position ruhig bis dich nichts mehr stört.

Dein Atem kommt und geht in seinem Rhythmus. Es atmet dich. Du fühlst dich wohl. Lass dich auf eine Traumreise ein mit mir.
Auf diesen Reisen in die Fantasie ist nichts unmöglich.

Du bist ruhig und entspannt.
Stell dir vor, du bist in der Heilsbach und schlenderst gemütlich über die Wiesen. Dein Weg führt dich in den Wald.
Im Wald ist das Klima wohltemperiert und angenehm für dich.
Der Tannenwald mit seinen Moospolstern auf dem Boden spendet dir Schutz rundherum. Hier geht es dir gut. Langsam und ohne Hast gehst du weiter.
Du lauscht den Vögeln des Waldes und ab und zu hörst du das Klopfen des Spechtes.

Du kommst an eine Waldlichtung. Eine herrliche, saftiggrüne Wiese mit einer starken Eiche(Baum deiner Wahl) in der Mitte.
Der dicke Stamm, gerade und stolz gewachsen, und die knorrigen Äste strahlen eine ungeheure Kraft aus.
Bewundernd gehst du auf diesen Baum zu. Er zieht dich praktisch magisch an.
Am Fuß des Baumes angekommen, lässt du dich im Gras nieder.
Du lehnst dich mit dem Rücken an den Baum. Dein Rücken nimmt Kontakt zu dem Baum(der Eiche) auf.

Du spürst, wie sich der Baum (die Eiche) mit dir verbindet.

Es kommt dir auch so vor, als wenn die Blätter des Baumes (der Eiche) dir leise etwas säuseln. Mut - Kraft. Und wieder hörst du es ganz leise. Mut - Kraft.

Du spürst, wie die Kraft des Baumes (der Eiche) dich stärkt.
Diese Kraft gibt Mut.

Ja, dieser Baum (diese Eiche) ist dein Mutmachbaum.

Mit jedem Atemzug von dir fühlst du dich stärker und mutiger. Ja, du fühlst richtig neuen Tatendrang in dir.

Sogar die kleine Frucht (Eichel) in deiner Hand gibt dir die Kraft und den Mut, Neues zu beginnen.

Sorgsam hältst du sie fest.
Gefüllt mit dieser Kraft, mit diesem Mut kommst du zurück an diesen Platz ins Hier und Jetzt.

Dir geht es gut, du fühlst dich wohl.

Ein Ort der Ruhe
Für Peter

Eine Kirche über der Stadt.
Mächtig steht sie auf dem Berg.
Zu ihren Füßen lehnen sich Fachwerkhäuser an den Berg an.
Der alte Stadtkern lässt sich von ihr beschützen.
Alte Glocken vor und hinter dem Eingang.
Ein paar Stufen führen in die Kirchenhalle.
Sonnig ist es in dem Kirchenraum.
Die gelbe Farbe der Wände und Stützpfeiler verstärken das Licht.
Eine Hallenkirche.
Lebendiges Treiben.
Eine Hochzeit wird vorbereitet.
Weiße Rosen auf dem Altar und an den Stühlen.
Der Organist spielt in verschiedenen Variationen: Geh aus mein
Herz und suche Freud.
Zuversicht breitet sich in dir aus.
Es gibt keine Bänke, sondern geflochtene Stühle.
Setz dich auf einen dieser Stühle und atme tief aus.
Lass die Atmosphäre auf dich wirken.
Von der Orgel ertönt eine Fuge von Bach.
Tief in deinem Inneren macht sich Ruhe breit.
Der segnende Jesus im Mittelfenster des Chors breitet schützend
die Hände über dich.
Du fühlst dich geborgen.
Die kräftigen Farben des Altars dringen in dich.
Du schaust zurück.
Zurück auf dein Leben.
Viele Ereignisse in deinem Leben haben starke Spuren hinterlassen.
An diesen Ereignissen bist du gewachsen.
Sie haben dich geformt.
Sie haben dich zu dem gemacht, was du bist.
Nicht immer war es leicht.
Aber du hast es gemeistert.
Du kannst stolz auf dich sein.
Dieser Stolz darf dich nun erfüllen.
Sei dir deiner bewusst.
Du bist einmalig. Es ist gut, dass es dich gibt.

Baummeditation

Es ist warm.
Du liegst unter einer Eiche auf dem Rücken im hohen Gras.

Über dir ist der herrlich blaue Himmel.
Weiße Wolken ziehen langsam vorüber.

Es ist, als wenn die Schwalben fangen spielten.
Du ruhst dich aus und spürst den Frieden um dich herum.
Du spürst die Wärme der Sonne und du spürst den sanften Wind.
Er spielt zärtlich mit einer Haarsträhne von dir.
Dein Blick wandert nun in das Blätterdach über dir.
Sattgrüne Blätter, sanft gerundet.
Starke, knorrige Äste um dich herum.

Um dich herum?
Ja, du bist jetzt der Baum selber.
Schau dich an. Schau an dir herunter.
Groß bist du. Sieh deinen dicken Stamm.
Trotzig und fest steht er verwurzelt in der Erde.
Oben um dich herum eine reine Blätterpracht.
Spürst du sie?
Der Wind spielt mit den Blättern.
Genießerisch lassen sie sich vom Wind schaukeln.
Du hörst das leise säuseln des Windes.

Und nun hörst du den Wind reden.
Er sagt:
Du bist ein schöner Baum.
Aufrecht und stark gewachsen.
Wenn man dich so anschaut, spürt man Frieden und Harmonie.
Der Wind hat recht.

Viele Menschen und Tiere suchen bei dir Schutz vor Sonne, Wind und Regen.
Vögel nisten in dir.
Eichhörnchen springen von Ast zu Ast.

Sogar Raupen kriechen den Stamm hinauf und freuen sich auf ein saftiges Blatt.
Es tut dir gut, so stark und kraftvoll zu sein.
Du spürst die Energie, wie sie aufsteigt in dir.
Um dich herum, überall ist positive Energie.
Jeder Ast und jedes Blatt ist voll davon.
Du bist in Frieden mit dir und deiner Umwelt.
Vollkommende Gesundheit erfüllt dich.
Vital und kraftvoll stehst du im Leben.

Atme sie ein, diese Stärke. Das bist du.

Birkenmeditation

In deiner Umgebung gibt es viele Birken.
Hier findet sich ein ganzer Birkenwald - Schau ihn dir genau an.

Dicke, gerade gewachsene Birken stehen vor dir. Die zartgrünen Blätter sind schon voll ausgebildet. Die Rinde - weiß mit den typischen Rissen.
Zwischendrin kleine, zartgliedrige junge Birken. Der Boden ist mit dichtem Gras bewachsen.

Jetzt, es ist ca. 14 Uhr, hat die Frühjahrssonne schon Kraft und wärmt.
Stell dich ihr entgegen, lasse die Strahlen in dich dringen.
Spürst du die Wärme, die sich wohlig in deinem Körper verbreitet.
Du gehst ganz in diesen Birkenwald hinein. Die Birken stellen sich schützend um dich.

Eine kräftig und gerade gewachsene Birke zieht dich magisch an.
Du schaust an ihr hinauf. Im seichten Wind schwingen ihre grazilen Äste oben an der Krone.

Du stehst im Süden der Birke und lehnst dich mit dem Rücken an sie an. Dein Kopf, deine Schultern, dein Po schmiegen sich an sie.
Lege nun auch die Hände deiner herabhängenden Arme mit den Handflächen seitlich an den Stamm. Du schließt die Augen und gibst dich ganz der Birke hin.

Dein Atem geht kräftiger. Du fühlst mit jedem Einatmen, wie der Kräftefluss des Baumes durch deine Handflächen in deinen Körper strömt.
Immer mehr Energie durchflutet deinen Körper.
Du spürst regelrecht, wie sich die Energie verteilt.
Genieße dieses Fließen.
Die Heilkraft der Birke öffnet deinen Geist zur Inspiration.
Sie regt deinen Stoffwechsel an und löst auch deine Verhärtungen der Seele.
Dieses Strömen der Kraft wirkt regelrecht erfrischend und vertreibt Unlust und Beklemmungen.

Du bist völlig ruhig und entspannt.
Du bleibst noch eine Weile in dieser Stellung.

Genieße die Kraft.

Langsam löst du dich von deiner Birke.
Dreh dich um und schau sie an.
Fühle die Liebe, die zu diesem Baum gewachsen ist.
Bedanke dich für die erfrischende Kraft, die du erhalten durftest.

Wenn du deiner Birke genügend Dank entgegengebracht hast, komme langsam zurück ins Hier und Jetzt.
Atme tief durch - Strecke und recke dich.
Du bist erfrischt und fühlst dich wohl.

Nicht bei Regen oder wenn der Baum gerade knospet. Im Winter sich vor den Baum hocken und in Höhe von 30-60 cm mit den Händen den Baum fassen. Beste Zeit 14 Uhr - nicht nach 17 Uhr.

Buchenmeditation

In deiner Nähe wächst eine Buche.

Schau dir diese Buche einmal ganz genau an.
Ist sie jung oder alt? Wie ist sie gewachsen?
Ist ihr Stamm verästelt oder gabelt er sich?
Wie sieht die Rinde aus?
In welcher Umgebung steht sie?

Schau sie dir ganz genau an.

Gibt es noch mehr Bäume hier?

Siehst du vielleicht ein Feld oder eine Wiese – Häuser?

Wie wirkt diese Buche auf dich?

Versuche nun, ihren Geruch wahrzunehmen.
Vielleicht magst du sie mal anfassen oder sogar streicheln.
Es ist Morgen oder früher Nachmittag.

Vielleicht hast du Sorgen und möchtest mit dieser Buche darüber
kommunizieren.
Vertrau dich ihr an.
Bitte die Buche um Hilfe.

Lege deine Hände seitlich an den Baum.
Suche die Stelle wo sich deine Hände wohlfühlen.
Und nun beuge deinen Kopf soweit vor, dass die Stirn die Buche
berührt. Bleibe mit geschlossenen Augen eine Weile so stehen.
Fühle dich mit ihr verbunden.

Du spürst bald deutlich deine Verbundenheit der Buche.
Du spürst die Bereitschaft der Buche, sich dir zu öffnen.
Und nun vertraue dich ihr an.

Erzähle ihr, was dich bedrückt, belastet oder bewegt.
Vollkommen ungezwungen kommunizierst du mit deiner Buche.

Du merkst nun, wie die Last der Sorgen weniger wird.
Die Buche nimmt sich deiner Sorgen an, sie nimmt sie in sich auf.

Vielleicht merkst du auch, das deine Gedanken wieder freier werden.

Es drückt nicht mehr so im Kopf.

Es lastet nicht mehr auf der Brust.

Dich erfüllt nun wieder Lebensmut und Klarheit.

Ihr Energiefeld lädt dich auf mit Kraft.

Du fühlst dich wohl.

„Heilwirkung: Die Buche ist ein starker Sauger und gibt freiwillig beim Anstellen keine Kraft ab. Sie nimmt aber Krankheiten auf, vor allem Kopfschmerzen und Migräne. Bäder in magnetisiertem Wasser wirken lindernd bei hitzigen Erkrankungen, Prellungen, Entzündungen, Schwellungen. Ihr Energiefeld klärt wirre Gedanken, fördert das geistige Schaffen, die geistige Arbeit, verhilft zu mehr Klarheit, Toleranz, Mitgefühl, Lebensmut und zu einer positiven Lebenseinstellung. Magnetisiertes Trinkwasser hat eine günstigen Einfluss auf Leber, Galle und Klarheit des Kopfes. Mit Buchenkraft aufgeladene Wünsche realisieren sich oft schnell."

Aufenthalt in der Nähe des Baumes nach 17 Uhr begünstigt den Schlaf.

Burg Landeck

Hoch über dem Rheintal – die Burg Landeck.
Hier kann der Blick weit schweifen.
Die Wolken malen Schatten auf die Weinberge.

Klingenmünster im Tal strahlt Ruhe aus.
Die alte Kirche schmiegt sich an die Häuser.
Nur der Kirchturm macht auf sie aufmerksam.
Diese Kirche hat schon viel gesehen und erlebt.
Viele Hochzeiten, Taufen und Beerdigungen.
Da ist noch eine neuere Kirche mit einem geraden Turm und einer
kleinen Kupferhaube.
Sie steht aufrecht und klar da. Nichts kann sie umwerfen.

Von diesen beiden Kirchen geht Kraft aus.
Bei diesem Anblick kannst du richtig kräftig durchatmen.

Ein gelber Baukran am Rande des Dorfes stört kaum.

Er deutet Neuerungen an.

Zukunft.

Die Straße zum nächsten Dorf ist umsäumt von gewaltigen
Baumkronen.
Wie Spielzeugautos sehen die Fahrzeuge von hier oben aus.
Wiesenfelder. Gerade Linien gezogen wie mit einem Lineal.
Ab und zu abgeerntete Kornfelder.
Unterhalb der Burg in satter Frucht stehende Esskastanien.

Dein Blick wendet sich dem Burghof zu.
Er ist umhüllt von starken Mauern.
Schwere Bänke und Tische laden zum Verweilen ein.
Große und kleine Wandergruppen haben sich hier eingefunden um
sich von dem Marsch zu erholen.
Auf einer Mauer sitz ein Akkordeonspieler.
Seine leise Musik schmiegt sich in die Atmosphäre.
Kinder erkunden fröhlich die Burg.

Zwei Linden und eine Buche spenden Schatten.

Altweibersommerfäden leuchten im Sonnenlicht auf.
Der weite Blick über das Rheintal. Immer wieder siehst du neue
sehr markante Stellen in deinem Bild.
Deine Gedanken schweifen.
Ruhe erfüllt dich.
Die Kraft der Burg geht auf dich über.
Die Fröhlichkeit der Menschen steckt an.
Zuversicht macht sich breit.
Du fühlst dich wohl und geborgen.
Du fühlst dich stark.
Ruhe ist in dir.
Angenehme Ruhe.

Das Blumenkind

Sommer.
Sonnenschein.
Die Vögel spielen Fangen in der Luft.
Die weißen Wolken ziehen unaufhörlich weiter.
Inmitten des Blaus, des Weiß und vielem Grün befindest du dich.

Ein Stück frisch umgegrabene Erde.
So einen satten Braunton hast du schon lange nicht mehr gesehen.
Mal ist sie fein zerkrümelt und dann wiederum ein dicker Bollen, der an manchen Stellen speckig glänzt.
Die Erde sieht gesund aus. Die Erde?

Das bist du!
Angenehm wirst du als Mutter Erde von der Sonne gewärmt.
Völlig entspannt kannst du dich ausbreiten.
Genieße dieses Gefühl des Getragen werden.
Das Gefühl des Seins.
Kraft steigt in dir auf.
Unendlich viel Kraft.
So wohl hast du dich schon lange nicht mehr gefühlt. Lass dich tragen und wärmen.

Ups, was ist denn das?
Irgendetwas regt sich in dir.
Dieser kleine Bollen inmitten der Erde...
Es ist eine Zwiebel – nein ganz viele...!

Du bist die Mutter des Blumenbeetes.
Du gibst den Zwiebeln die Kraft zu wachsen.
Langsam schiebt sich aus jeder Zwiebel ein kleiner grüner Stift.
Kraft braucht er dabei.
Dieser Stift wird immer länger. Zur Sonne wächst er hin.
Nun schaut er schon ein wenig aus der Erde heraus.
Damit die Sonne noch mehr Strahlen zu ihm schicken kann, wird der Stift breiter und breiter.
Nun teilt er sich in mehrere Blätter. Saftig grün schauen sie aus.
Zwischen mehreren Blättern zeigt sich ein dicker Knubbel.

Dieser Knubbel strengt sich nun gewaltig an größer zu werden als die Blätter.
Ob er es schafft?

Ein Knubbel ist besonders dick.
Es schaut fast so aus, als hätte er irgendwo Augen....
In der Mitte des Knubbels entsteht ein Spalt.
Da schaut eine Farbe heraus.

Jetzt springt der Knubbel mit Elan auf und zeigt dir seine leuchtende Kraft der Farbe.
Schau dir diese Farbe an, ist sie nicht wunderschön?

Lustig sehen dich inmitten dieser herrlichen Blütenblätter ein Paar freundliche Augen an.

Freundlichkeit wird dir entgegen gebracht.

Das Blumenkind schaut dich dankbar an.
Fast sieht es so aus, als wenn es mit seinen Blättern dir zuwinkt.
Du, die Mutter Erde hast es geschafft, das dieses Blumenkind wachsen konnte.

Du weißt nun um deine Kraft, die auch für andere reicht.
Ist dies nicht ein schönes Gefühl?

Atlantikküste

Dein alter VW-Käfer – Baujahr 57. Blau ist er – mit ganz vielen Schlümpfen beklebt.
Vollbeladen fährt er mit dir durch die Normandie.
Durch kleine Orte – ganz verträumt.
Zwischen Feldern mit Getreide.
Zwischen Feldern mit Mais.
Vorbei an riesigen saftig grünen Wiesen.
Auf den Wiesen grasen Kühe.
Braune, schwarz-weiße.
Die Sonne steht hoch am Himmel.
Es ist ein herrlicher Tag.
Wanderer kommen dir auf Landstraßen entgegen.
Sie heben die Hand zum Gruß.
Du genießt die Fahrt ohne Hektik.
Der Ton des VW-Motors ist dir sehr vertrau.
Du kommst nach Carolles.
Dein Ziel an der Atlantikküste.
Ein kleines altes Dorf.
Hühner auf der Straße.
Katzen in der Sonne auf den Treppen der Häuser.
Der Empfang ist herzlich.
Dein Zimmer ist einfach.
Ein Bett – ein Schrank – ein Tisch – ein Stuhl.
Rosentapete - gestreifte Bettwäsche.
Blumen auf dem Tisch.
Das Zimmer wirkt auf dich wie verwunschen.
Du trägst den Koffer ins Zimmer.
Er muss jetzt nicht ausgepackt werden.
Dich zieht es hinaus.
Du möchtest den Atlantik sehen.
Hinter dem Haus führt ein Weg aus dem Ort heraus.
Zwischen gelb blühenden Ginsterbüschen hindurch führt der Weg.
Eine kleine Anhöhe vor dir.
Langsam gehst du hinauf.
Oben angekommen siehst du den Klippenrand.
Du gehst darauf zu.
Staunend siehst du die geballte Kraft der Wellen.

Wenn sie am Fuße der Klippe in die Felsbrocken hineindonnern, zischt und schäumt das Meer.
Der Wind kommt vom Meer und bringt salzige Luft mit sich.
Du kannst die Luft schmecken – leicht salzig.
Du drehst dich um.
Vor dir liegt Carolles.
Es liegt geschützt hinter der angehobenen Klippe.
Du siehst trotzdem die Macht der salzigen Luft und des Windes an den Fassaden der Häuser.
Verwitterte Farbe – leicht abgeplatzt.
Das verstärkt den Reiz des Ortes.
Ruhe durchströmt dich.
Ein ganz tolles Glücksgefühl kommt aus deinem Bauch und zieht zu deinem Herzen.
Dir wird innerlich ganz warm.
Hier wirst du die nächsten drei Wochen verbringen.
Keine Hektik – kein Lärm – kein Telefonklingeln.
Du weißt, dass deine Wahl, hierher zu kommen, richtig war.
Du setzt dich ins Gras am Rand der Klippe und schaust den tobenden Wellen zu.
Schwalben fliegen über das Meer.
Dein Blick geht in die Unendlichkeit der Weite.
Ruhe und Geborgenheit geht von diesem Ort aus.
Lass dir Zeit, dieses zu genießen.

Der Bach

Es ist früh am Morgen.
Ein klarer Morgen.
Der Himmel färbt sich langsam rot.
Die Sonne geht auf.
Das zwitschern der Vögel und der Sonnenaufgang stimmen dich heiter.
Du betrittst die Wiese.
Der Tau unter deinen Füßen kitzelt dich.
Ein Gefühl der Leichtigkeit empfindest du.
Du läufst auf die kleine Quelle inmitten der Wiese zu.
Dort lässt du dich ganz behutsam nieder.
Faszinierend schaust du dem Spiel des Wassers zu.
Munter und keck springt das klare Wasser aus dem Boden.
Ein paar Meter weiter schon sieht man ganz deutlich das kleine Bachbett. In Gedanken folgst du dem Lauf des Wassers. Bald schon hat der Bach ein Sandbett.
Schöner gelber Sand.
Ab und zu eine Wasserpflanze.
Das Grün der Pflanzen harmoniert wunderbar mit dem warmen Gelb des Sandes.
Du meinst, eins mit dem Bach zu werden.
Unter dir sieht man nun immer mehr Kieselsteine.
Zuerst kleine und weiter dann immer größer werdende.
Sie haben einen schönen Glanz.
Mache haben einfach nur Farbabstufungen in Grau – Braun – manche sogar verschiedene Schwarztöne.
Manche sind marmorfarbig.
Zwischendrin tummeln sich schlanke Fische.
Du bist klares Wasser.
Ruhig und doch impulsiv.
Glatt und aufgewühlt.
Trotzdem fühlst du die Harmonie in dir.
Und die Kraft des Wassers, die nun deine ist.
Als Tropfen kannst du Blumen, Pflanzen und Tieren den Durst löschen.
Du kannst Tiere tragen.

An ins Wasser umgefallenen Bäumen kannst du deine Kraft ausprobieren.
Du reißt und zerrst an ihnen.
Manchmal gelingt es dir einen Ast abzureißen, mal groß, mal klein und ihn mitzunehmen.
Du spielst mit ihm.
Du lässt ihn tanzen.
Um dicke Felsen machst du nun einen Bogen.
Du kannst vor Übermut richtig weit spritzen.
Dich hört man schon von weitem rauschen.
Fröhliche Kinder lassen ihre Füße von dir erfrischen.
Vögel fliegen in Wellenlinien über dir um ihren Hunger zu stillen.
Zwischendrin taucht auch mal ein Schnabel schnell ins kühle Nass.
In deinem Bett fühlst du dich wohl und geborgen.
An Größe nimmst du zu.
Du brauchst deine Kraft nun nicht mehr zu zeigen, jeder spürt sie.
Ruhe überkommt dich und gemächlich fließt du eins mit dir in deinem Flussbett.
Genüsslich trägst du riesige Dampfer mit dir.
Kleine Boote zwischendrin.
Du weißt um die Vereinigung mit dem Meer.
Und du fühlst nun diese unendliche Weite.
Bis an den Horizont.
Ruhe ist in dir, unendliche Ruhe.
Du fühlst sie durch dich strömen – du bist Ruhe
Einfach Ruhe.

Der innere sichere Ort

Text: Ute Germann
(nach schamanischem Wissen von   Felix Olthius und Michael Ordyniak,
aus: Laura Wendlers Seminarleitung AT)

Nimm eine für dich möglichst sehr bequeme Haltung ein.
Wechsel ruhig deine Lage, deinen Sitz bis du dir sicher bist, die beste Haltung für dich gefunden zu haben.

Wenn du magst, schließe deine Augen – und wenn nicht empfehle ich dir, einen Punkt zu fixieren, den du während der Übung anschaust.

Erlaube nun deinem Körper zur Ruhe zu kommen, während dir bewusst ist, das du die volle Kontrolle über alles was geschieht hast.

Richte nun deine Aufmerksamkeit auf deinen Körper.

Gehe in Gedanken vom Scheitel langsam bis zur Fußsohle.

Während dein innerer Blick an den verschiedenen Punkten in dir Halt macht, versuche einmal zu spüren, ob du hier an diesem Punkt nun ganz entspannt bist.

Nimm dir dafür ruhig Zeit.

Vielleicht gehst du auch mal einen Schritt zurück, um nochmals zu schauen, ob du hier deinem Körper alle Aufmerksamkeiten gegeben hast und ob du hier loslassen konntest.

Lasse nun mehr und mehr innerlich los und fühle, wie sich die gleichmäßige Entspannung in deinem Körper angenehm ausbreitet.

Du fühlst dich von deiner Unterlage sicher getragen.
Schau einmal, wie gleichmäßig dein Atem ein- und ausströmt.
Fühle, wie dein Körper dieser Bewegung folgt.
Du hast dich schon einmal so sicher und wohlgefühlt.

Vielleicht hast du dieses Gefühl an einem Urlaubsort empfunden oder auf einem Spaziergang einen solchen Platz entdeckt.

Vielleicht kennst du diesen Ort schon seit deiner Kindheit.

Versuche nun, dir einen Ort der Sicherheit vorzustellen. Lasse vor deinem inneren Auge ein paar Bilder entstehen, eine Wiese, ein Meer, ein See, ein Bach, ein Berg...
Lasse dir ruhig Zeit bei deiner Suche und schaue nach dem Ort, an dem du dich absolut sicher fühlst.

Vielleicht siehst du sofort ein Bild oder du denkst erst einmal darüber nach.

Lasse ruhig Bilder und Gedanken auftauchen und nehme sie an. Sollten unangenehme Bilder oder Gedanken kommen, betrachte diese möglichst nicht und gehe weiter.

Du bist dir bewusst, dass es diesen Ort der Sicherheit für dich gibt.
Dir stehen bei der Suche nach deinem Ort alle nur denkbaren Hilfsmittel zur Verfügung (Fahrzeuge, Werkzeuge, Materialien, ein Zauberstab...)
Prüfe ganz genau, ob du dich hier ganz sicher und wohl fühlst. Dies ist sehr wichtig.
Richte dir deinen Ort also bitte so ein, das dies möglich ist.

Wenn du nun deinen inneren sicheren Ort gefunden hast und ihn zu deiner vollkommenen Sicherheit ausgestattet hast, spüre nun einmal genau nach, wie es deinem Körper nun damit geht, an diesem sicheren Ort zu sein.

Was kannst du sehen?
Was kannst du hören?
Was kannst du riechen?
Was kannst du spüren?
Wie geht es deinen Muskeln?
Wie ist deine Atmung?
Wie geht es deinem Bauch?

Fühle und prüfe noch einmal nach, ob du dich auch richtig geborgen fühlst oder brauchst du noch etwas? Dann hole es dir.

Genieße nun deine Zeit an deinem sicheren Ort. Verabrede mit dir selbst ein Zeichen, mit dessen Hilfe du jederzeit an diesen Ort gehen kannst. Du kannst z.B. eine Faust machen, einen Finger kräftig bewegen. Die Geste kann aber auch für andere unauffällig sein.
Immer wenn du diese Geste machst, kannst du zukünftig an deinen inneren, sicheren Ort gehen und ihn spüren, wenn du magst.
Führe diese Geste jetzt aus, damit sich dein Körper später erinnert.

Schau dir diesen Ort noch einmal ganz in Ruhe an und lasse ihn auf dich wirken.
Spüre, wie gut es dir hier geht.

Jetzt komme bitte wieder langsam zurück in diesen Raum und diese Zeit.
Vergiss nicht, dich zu recken und zu strecken.
Dir geht es gut und du fühlst dich wohl.

Der Blumenstrauß

Italien.
Ein sonniger Tag.
Ein kleines gemütliches Dorf.
Weiße Häuser.
Enge Straßen.
Ein Marktplatz.

Überall fröhliche Menschen.
Sie feilschen mit den Händlern.

Zwischendrin ein streunender Hund.
So ist es in hier Italien am Vormittag.

Doch du möchtest dem Trubel entfliehen.
Zuerst schnellen Schrittes, dann aber immer gemächlicher werdend
verlässt du das Dorf.

Eine leichte Anhöhe liegt vor dir, mit saftig grüner Wiese.
Hier kannst du durchatmen und die Ruhe genießen.
Weicher Boden unter deinen Füßen.
Ab und zu ein Schmetterling.
Vögel zwitschern.
Angenehm warmer Sonnenschein hüllt dich ein.

Oben auf der Anhöhe angekommen enthüllt sich ein wunderbares
Naturschauspiel auf der anderen Seite vor dir.
Bunte Blumen – überall bunte Blumen.
Du meinst vor Freude in die Höhe springen zu müssen.
Gleich fängst du an dir einen bunten Strauß zu pflücken.

Kräftig sind die Blumen gewachsen.
Wunderbare schöne Farben besitzen sie.
Dein Strauß wird immer dicker.
Du lässt dich im Gras nieder.
Das zarte Gras kitzelt ein wenig.
Nun hältst du den Blumenstrauß etwas von dir ab und schaust ihn
dir von oben genauer an.

Welche Farbe überwiegt?
Welche Farbe würdest du dem Glück zuschreiben?
Welche Farbe hat der Verstand?
Welche Farbe hat die Zufriedenheit?
Wie sieht die Zweisamkeit aus?
Siehst du in einer Farbe die Vergangenheit?
Und welche Farbe bekommt die Zukunft?
Findest du eine Farbe für die Hoffnung?
Vielleicht hast du auch eine Farbe für Güte.

Dies ist dein Strauß, er gehört dir ganz allein.
Du steckst deine Nase zwischen die wundervollen Blüten.
Ach, wie das duftet.
Deine Sinne sind im Vollrausch der Zuversicht.
Du fühlst dich wohl und geborgen.

Dein schönster Geburtstagmorgen

Du gehst zurück in deine Kindheit.
Es ist dein Geburtstagmorgen.
Du liegst in deinem Bett kuschelig unter deiner warmen Bettdecke.
Die Strahlen der Sonne fallen durch dein Fenster.
Freude kommt in dir auf. Heute ist dein Ehrentag.
Wer kommt dich heute besuchen?
Ob du wohl viele Geschenke bekommst?
Wird heute dein großer Wunsch erfüllt?
Langsam stehst du auf.
Deine Kleidung heute muss die schönste sein.
Du holst deine Lieblingskleidung aus dem Schrank.
Mit Bedacht ziehst du dich an.
Du schaust in den Spiegel. Gut schaust du aus.
Das Glück strahlt dir aus den Augen.
Ob die anderen auch schon wach sind?
Leise schleichst du dich aus dem Zimmer.
Vorsichtig schaust du um die Ecke und siehst einen wundervoll gedeckten Frühstückstisch.
In der Mitte ein wunderschöner Blumenstrauß und eine große Kerze gibt ihren Schein ab.
Schau dir diesen Strauß ganz in Ruhe an.
Versuche zu ergründen, wie dieser Strauß zusammen gebunden wurde.
Mit sehr viel Liebe wurde dieser Tisch gedeckt.
Du spürst die Liebe und eine angenehme Wärme steigt in dir auf.
Du setzt dich an den Tisch und wie von Zauberhand stehen deine Lieben um dich herum.
Herzliches Drücken und Beglückwünschen.
Dies ist ein Fest der Liebe.
Diese Liebe durchströmt deinen Geist und deinen Körper.
Du genießt diesen Augenblick.
Freudiges Lachen kommt von überall auf dich zu.
Du bist bei dir in einem guten Gleichgewicht.
Ganz ruhig und gelöst nimmst du diesen Frieden in dich auf.
Du genießt diesen Augenblick.
Dein Atem ist ruhig - es atmet dich.
Herzliche Wärme und Ruhe ist in dir. Dir geht es gut.

Der Kuschelbär
12.01.2004

Du verlebst deinen Urlaub in Kanada. Es ist Sommer.
Die Sonne am Himmel strahlt bis in dein Herz –
Dein Weg führt dich durch einen hohen Wald.
Das Grün der Vegetation lässt dich immer mehr zur Ruhe finden.
Die letzten Tage und Wochen waren gefüllt mit viel Arbeit und Engagement.
Hier im Wald kannst du endlich durchatmen und abschalten.
Die frische Luft durchflutet deinen Körper und erfrischt deine Seele.
Dein Weg führt dich direkt an einen Bach.
Ganz spontan beschließt du hier dein Picknick zu machen.
Eine geeignete Stelle ist der große Fels direkt am Wasser vor dir.
Dein Rucksack gleitet dir von den Schultern und behutsam stellst du ihn ab.
Auf den Felsen verteilst du den Inhalt deines Rucksackes.
Ein paar Brote, Obst und ein paar Paprika- und Möhrenschnitze.
Eine Flasche mit Mineralwasser stellst du dazu.
Dann kletterst du neben deinen Proviant und lässt dich dort nieder.
Deine Beine können bequem baumeln und deine Finger finden an deiner Seite immer mal wieder eine Kleinigkeit, die du lustvoll im Munde verschwinden lässt.
Dein Blick schweift über den Bach. Das Wasser springt um und über die Felsen.
Das Rauschen bereitet dir eine wohlige Atmosphäre. Ab und zu springt ein einzelner, recht dicker Fisch aus dem Wasser. Sein Weg geht flussaufwärts.
Die Ränder des Baches sind eingezäunt von Blumen.
Mal ist der Blumenteppich rosa, mal ist er blau und mal ist er gelb.
Das blaue aufschäumende Wasser ist nicht zu bändigen.
Du magst dir gerade ein Stück Paprikaschote in den Mund stecken, als du eine Regung am Waldrand bemerkst.
Ein runder kuscheliger Bär trottet gemächlich auf den Bach zu.
Kurz hältst du den Atem an, bis dir bewusst wird, das dies eine einmalige Gelegenheit ist, so einen Prachtburschen zu beobachten.
Ganz still bleibst du auf deinem Felsen sitzen.

Der Bär geht erst ein paar Schritte flussabwärts, dann wieder ein paar Schritte flussaufwärts. Er beobachtet ganz interessiert das rauschende Wasser.

Vorsichtig tippt er mit einer Tatze in das Wasser – brrr, schnell schüttelt er sie.

Noch ein paar Mal wiederholt er dieses, dann entschließt er sich, ein Stück in den Bach hinein zu laufen. Er sucht sich einen Felsen, auf den er sich setzt und ganz konzentriert das Wasser beobachtet.

Nach einer Weile erhebt er sich interessiert und versucht Fische zu fangen.

Dabei stellt er sich teilweise so ungeschickt an, dass du nun schon über dein ganzes Gesicht grinst.

Du stellst dir vor, dich in sein Fell hineinzukuscheln.

Es ist ganz weich und flauschig. So ein Fell wärmt immer.

Dir ist bewusst, dass dies kein Schmusetier ist.

Jedoch nur alleine die Vorstellung des weichen Felles löst in dir ein wohliges Gefühl aus.

Du schaust ihm weiterhin zu. Ganz trottelig stellt er sich beim Fische fangen an.

Nach einer Weile stellt er seinen erfolglosen Fischfang ein, dreht sich um und trottet an den Waldrand.

Hier schaut er sich noch einmal um und du bist dir sicher, dass er sich mit dem letzten Blick von dir verabschiedet.

Langsam verschwindet er im Wald.

Zurück bleibt der Bach mit seiner Idylle und du.

Stille

Heilsbach 18.09.2004

Ein Ausflug an den Platz der Ruhe.

Gemächlich schreitest du durch das Grün des Waldes.
Es ist ein sehr saftiges Grün – der Tau im Gras glitzert noch.

An einer Lichtung ein kleiner See. Große Karpfen schwimmen ruhig
durch das Wasser. Hohe Schilfkolben wiegen sich langsam im Wind.
Die Sonne setzt ihre Kraft ein und wärmt deine Glieder.

Weiter gehst du, gebettet in das Grün des Waldes.

An der nächsten Lichtung siehst du erstaunt eine Kneipanlage.
Sauberes klares Wasser, die Sonne spiegelt sich darin.

Der Glanz des Wassers umrahmt ein hinein gefallenes Blatt.
Hier an diesem Ort steht die Zeit still.

Du machst es dir auf einer Bank bequem und schließt die Augen.
Diese so andere Stille ist gefüllt.
Gefüllt mit dem vielfältigen Zwitschern der Vögel, dem Brummen
der Bienen und Käfer, das leise Plätschern des Wassers.
Der Duft des Waldes steigt angenehm in deine Nase – du kannst ihn
riechen.
Ja, die Natur kann man riechen.
Du fühlst dich geborgen an diesem Ort.
Die Ruhe fließt langsam auch durch deinen Körper.
Völlig entspannt kannst du dich dem JETZT geben.
Nur diese Zeit zählt.
Die Zeit der Ruhe – der Gelassenheit.
Hier in diesem JETZT kannst du loslassen.
Dankbar nimmst du den Moment mit all seinen Facetten wahr.
Ruhe in dir – nichts als Ruhe.

Wie von Zauberhand öffnet sich der Hahn zum Wasseraustausch des
Kneipbeckens.
Das Wasser sprudelt und plätschert ziemlich laut.

70

Schon kommt der erste Besucher und macht sich für den Kneipgang zurecht.
Langsam schreitet er durch das Wasser – nur fast so grazil wie ein Storch – platsch – platsch.
Dann verlässt er das Becken und schreitet über die Wiese – ganz gemächlich.

Du findest das Plätschern nicht mehr störend.
Es ist fast wie eine Dusche für dich.
Mit dem Rinnen des Wassers spürst du, wie auch die letzte Spannung in deinem Körper sich löst.

Die Sonne mit ihrer Macht und Wärme durchflutet deinen Körper.
Du fühlst dich wohl.
Mit dieser Gelassenheit kommst du zurück ins Hier und Jetzt.
Dir geht es gut.

Waldboden

Es ist ein schöner Sommertag.
Die Sonne lässt ihre Strahlen lachen.

Dein Weg führt dich durch einen Wald, indem es alle möglichen Arten von Bäumen gibt.
Stark und gerade sind sie gewachsen.
Durch die Baumkronen schlängeln sich die Sonnenstrahlen.
Sie malen tanzende Muster auf den Waldboden.
Der Waldboden strahlt Stärke aus.
Dennoch ist er ganz unterschiedlich.
Da gibt es große Flächen, auf denen du nur das Laub des letzten Jahres siehst.

Schon allein die warme Farbe dieser Blätter löst in dir den Wunsch aus, barfuss zu sein.
Du setzt dich auf einen Baumstumpf und beginnst deine Schuhe und Strümpfe auszuziehen.
 Es ist fast so, als würden die Füße jubeln.
Langsam setzt du sie nun auf den Blätterboden auf.
Es ist ein abenteuerliches Gefühl – diese Gefühle.
Du spürst mit deinen Sohlen jede kleine Unebenheit.
Der Boden ist warm.
Der Boden ist weich.

Du erhebst dich und gehst langsam und bewusst über diesen gepolsterten Boden.
Jeder Schritt federt ein wenig.
Ab und zu piekst es leicht – aber das stört dich nicht.
Der Waldboden verändert sich langsam.
Du siehst immer mehr Moospolster, die wie kleine Kissen ausgebreitet daliegen.

Vor so einem Polster bleibst du stehen.
Saftiges Grün schaut dir entgegen.
Auch dieses Moos scheint aufrecht gewachsen zu sein.
Du lässt einen Fuß darüber streichen.

Du genießt das Gefühl der Weichheit. Langsam setzt du den Fuß auf.
Das fühlt sich an, als würdet du auf einen Wattebausch treten.
Ganz weich.
Auch dein anderer Fuß drängt nun, auf dieses Polster gesetzt zu werden. Du stehst nun auf dem Moos und fühlst dich frei.
Ganz bewusst setzt du deine Füße nun auf diese Moospolster und auf diesem Weg kommt es dir vor, als schwebtest du über den Wolken.

Diese Leichtigkeit durchdringt deinen Körper.
In jeder Ecke macht sie sich breit.
Und du spürst die Kraft der Erde, die deinen Körper erfüllt.
Durch die Fußsohlen fließt sie in deinen Körper.

Hier ist der Platz, an dem du dich ausruhen und Kräfte tanken kannst.

Verweile hier, bist du merkst, dass deine Kraftreserven wieder gefüllt sind.

Weites Land

Andalusien.
Dein Weg führt dich in die Berge.
Hoch hinaus schlängelt sich die Straße.
Steile Abhänge.
Manchmal doch eine karge Vegetation.
Immer wieder ein starker Baum auf kargem Grund.
Trotzig gewachsen.
Er zeigt seine Kraft.
Saftiges Grün in seinen Nadeln.
Die Kiefer Andalusiens.
Immer höher hinaus geht dein Weg.
Vorbei an Olivenhainen.
Oliven, die sich an den Berg schmiegen.
Auch hier knorrig und kräftige Bäume.
Gezeichnet von der Rauheit des Klimas.
Im Sommer heiß und trocken.
Vom Wind ausgemergelter Boden.
Aber immer wieder Leben.
Steine. Felsen. Vegetation.
Zwischendrin kleine Gehöfte.
Hier leben die Menschen, welche die Haine pflegen.
Schaut man ihnen ins Gesicht, kann man in den Lederfalten
Geschichten lesen.
Freundliche Gesichter.
Lebendige Gesichter.
Genügsame Menschen.
Fröhliche Menschen.
Lebenslustige Menschen.
Trotz aller Kargheit überall.
Freundlichkeit und Leben.

Ist es nicht der Augenblick der zählt?

Wunderwelt

Ein sehr kalter Winterabend.
Im Kamin prasselt anheimelnd das Feuer.
Draußen ist es sehr stürmisch.
Der Wind heult richtig um die Ecken.

Du hast es dir auf deiner Couch bequem gemacht und schaust den Flammen im Kamin zu.
Wohlig warm ist dir.
Außer dem knisternden Feuer umgibt dich Ruhe.
Diese Ruhe durchflutet deinen Körper.
Sie breitet sich aus.

Ein riesengroßes Huhn gackert an dir vorbei.
Ein riesengroßes Huhn?
Wo bist du?
Hier ist alles sehr groß.
Das weißrosa Gänseblümchen reicht dir fast bis zur Hüfte.
Ganz genau siehst du, wie die einzelnen weißrosa Blütenblätter sich an die nektartriefende Mitte schmiegen.

Eine große Schnecke bittet dich höflich, doch ein wenig zur Seite zu gehen, damit sie vorbei kann.
Elegant zieht sie ihr Haus auf dem Rücken mit.

Ups – etwas klopft unter deinem rechten Fuß.
Es ist ein Regenwurm. Er schiebt die weiche satte Erde hoch.
Krabbelt heraus und ein Stück weiter gleich wieder in die Erde hinein.

Eine Katze spielt mit einem Igel Ball.
Der Igel rollt sich ein und die Katze schubst ihn behutsam an.
Als der Igel aufhört sich zu kugeln, rollt er sich wieder auf und kommt lachend zur Katze zurück.

Unter den riesengroßen Löwenzahnblättern sitzt das Kind einer Kröte. Beim Quaken bläst sie die Backen regenbogenschillernd auf.
Interessiert schaust du ihr eine Weile zu.

Ein großer Schatten legt sich vor das Sonnenlicht.
Erstaunt schaust du nach oben.
Ein Elefant segelt gemütlich durch die Luft. Seine großen Ohren wirken als wenn sie nur ganz zart die Luft fächeln.
Sein Schwänzchen benutzt er als Ruder.
Sein breites Grinsen erheitert dich noch mehr.

Da, neben dir hebt sich die Erde in die Luft.
Wieder der Regenwurm?
Nein, der Hügel wird immer größer.
Eine kleine schwarze Nase schaut heraus.
Schnuppert kurz und schon schieben zwei breite Pfoten die Erde zur Seite.
Samtenes Fell kommt zum Vorschein.
Ein Maulwurf dreht sich ein paar Mal und verabschiedet sich dann freundlich von dir.

Was für eine Welt.
Alles riesengroß.
Und wunderbar an zu schauen.
Diese Gelegenheit bekommst du sonst nicht.

Blubb – Blubb. Fliegende Fische.
Mal sind sie dick, mal sind sie platt, mal rund, mal lang Aber immer haben sie wunderbar leuchtende Farben. Schau sie dir in Ruhe an.

Diese fröhliche Welt, in der wohl Wunder geschehen, färbt auf dich ab.

Du wirst immer heiterer.
Dein Körper ist nun vollkommen entspannt.
Leicht fühlt er sich an.
Du fühlst dich wohl.

Herbsturlaub

Es ist ein sonniger Herbst.
Du hast Urlaub. Eine Reise nach Holland liegt vor dir.
Dein Auto ist gepackt mit allen nötigen Sachen.
Warme Pullover und Hosen. Dicke Socken und ein warmer Überzug.
Du hast nichts vergessen und steigst ein.
Ein wohliges Gefühl durchdringt deinen Körper als du den Motor anlässt und losfährst.

Die Autobahn ist nicht so voll und schlängelt sich durch die herbstbunten Wälder.

Die Sonne macht alles noch güldener.

Die verschiedenen Gelb- Grün- Rot- und Brauntöne leuchten richtig.
Wärme durchflutet dich und ein Glücksgefühl – dein Herz hüpft richtig.
Urlaub! – Herrlich!

Die Landschaft verändert sich.
Felder grün oder bereits umgepflügt.
Ein Bach teilt die Felder.
Ab und zu beugen sich mächtige Trauerweiden über ihn.
Häuseransammlungen sind seltener geworden. Die Art des Fachwerkes ist nun anders.
Kühe und Schafe weiden auf den Wiesen.
Zwischendrin rupfen Enten und Gänse das Gras.
Sehr oft sieht man Pferde übermütig herumtollen, auch sie genießen die Sonne.

Das Land ist nun ganz flach geworden.
Die Landesgrenze hast du bereits überfahren und näherst dich deinem Ziel.
Ein kleines Häuschen direkt am Wasser hast du gemietet.

Egmond aan Zee – ein niedliches kleines Dorf. Kleine Straßen. Ein großer Leuchtturm. Hohe Dünen und mittendrin – dein Häuschen.
Reetgedeckt mit taubenblauer Tür und Fenstern.

Ein kleines Wohnzimmer mit offener Küche, ein noch kleineres Schlafzimmer mit winzigem Bad. Das nennst du die nächsten Tage dein eigen.

Vom Wohnzimmer aus kannst du die Nordsee sehn.

Nachdem du ausgepackt hast und alles verstaut ist, hält dich nichts mehr. Warm angezogen gehst du den Dünenweg hinunter ans Wasser.

Der Wind bläst dir mächtig durch deine Haare. Die See ist aufgebracht. Große Wellen mit weißen Schaumkronen.

Du schaust ihnen zu. Zwei Wellen treffen sich und eine dritte springt übermutig auf sie drauf. Als wollten sie Fangen spielen.

Weiter draußen sind die Wellen noch mächtiger und rangeln sich.

Der Schaum der Gischt wird vom Wind weitergetragen - federleicht.

Die Sonne möchte sich langsam verabschieden.

Die Farbe der See verändert sich.

Verschiedene Blau- und Grautöne mit weißen Spitzen.

Der Himmel senkt sich auf den breiten Strand.

Langsam drehst du dich um und gehst durch die Dünen zum Haus zurück.

Hier fühlst du dich wohl und geborgen.

Drinnen machst du dir einen heißen Tee.

Du stehst am Fenster und lauscht dem Rauschen der Nordsee und des Windes .

Deine Gedanken schweifen in die Ferne.

Dir geht es gut.

Himmlischer Winterwald
17.12.200

Es ist ein schneereicher Winter.
Strahlender Sonnenschein. Der Glanz der Sonne funkelt in den Schneekristallen.
Alle Schneekristalle schenken dir ihren Lichterglanz.
Dieses Glänzen erreicht dein Herz. Es wärmt dich von innen heraus.
Nicht nur Wärme erfüllt deinen Körper, auch Freude und Glückseligkeit. Ein wunderbares Gefühl. Dieses Gefühl gibt dir eine Leichtigkeit. Dir ist, als könntest du fliegen. Fliegen hoch hinauf in den Himmel.
Watteweich liegt der Schnee zwischen den Bäumen.
Wie eine Haube sitzt er auf den Baumkronen.
Sträucher sind zugedeckt. Ab und zu fällt ganz sacht ein Bröckchen auf den Boden. Schnee auf Schnee, du kannst die Stelle des Landens jetzt sehen.
Dort die Spuren der Waldbewohner. Rehe, Hasen, Wildschweine und auch Spuren der Vögel. So ein Winterwald kann viel erzählen. Du musst ihn dir nur in Ruhe anschauen.
Ja, hier kommst du zur Ruhe. Langsam schreitest du durch den watteweichen Schnee. Deine Gedanken kommen und gehen, du lässt sie los.
Du siehst den Atem vor dir. Mit jedem Ausatmen gibst du verbrauchte Energie wieder ab. Mit jedem Einatmen spürst du die Frische in dir aufsteigen.
Diese sanfte Stille hier im Wald tut dir gut.
Du genießt sie noch eine Zeit. Ruhe, Wärme und Leichtigkeit erfüllen dich.
Dir geht es gut.

Wintervergnügen

Es ist soweit, es hat geschneit.
Du schaust aus dem Fenster, alles ist weiß.
Überall liegt Schnee.
Auf dem Rasen.
Auf den Blumenrabatten.
Auf den Sträuchern.
Auf dem Kirschbaum.
Es ist ein strahlender Tag.
Es zieht dich nach draußen.
Du ziehst dich an – ganz warm, mit Mütze, Schal und dicken Schuhen.
Du verlässt das Haus und gehst drauf los.

Es ist kalt, deinen Atem kannst du sehen.
Es macht dir nichts aus, dir ist warm.
Die frische Luft tut dir gut. Du spürst sie angenehm in deinen Lungen.
Die Sonne erheitert dich.
Du fühlst dich ganz beschwingt.
Ein paar Leute begegnen dir, du grüßt sie.
Kinder mit einem Schlitten wollen auf dem kleinen Berg vor dir rodeln.
Du wendest deine Schritte auf den Wald zu.
Schön sieht er aus, der Wald.

Du gehst hinein. Hier ist es ganz still
Ab und zu hörst du einen Vogel rufen.

Ganz weich läuft es sich hier.
Leise Töne unter deinen warmen Füßen.

Spuren im Schnee.
Nicht nur von Menschen, auch von Tieren.
Du versuchst die Spuren zuzuordnen. Es ist gar nicht so schwer.

Es fängt an zu schneien.
Du bleibst stehen und schaust in die Baumwipfel.

Schneeflocken fallen dir ins Gesicht, ganz sacht und zart.
Die Flocken werden immer größer.
Du meinst, sie sind aus Glas und wenn sie sich berühren, hörst du leise helle Töne.
Hörst du das Lied, das sie spielen?

Du schaust dich um.
Ein Reh stapft ganz leise durch den Winterwald.
Zwei Hasen springen übermütig durch den Schnee.

Ruhe erfüllt dich - herrliche Ruhe.
Frieden in dir wächst. Du fühlst dich wohl.
Du bist ruhig und entspannt.
Dein Atem geschieht ganz ruhig - es atmet dich.
Harmonie in ist in dir.
In tiefster Ruhe bist du mit der Natur verbunden.
Du genießt das Gefühl der Dankbarkeit.

Ganz langsam drehst du dich um und gehst den Weg zurück.
Die Sonne möchte sich auch bald verabschieden

Zu Hause angekommen, kuschelst du dich auf deinen Lieblingsplatz.
Dein Geist ist nun ruhig.
Deine Seele ist im Gleichgewicht.
Dein Körper ist schwer.
Deine Muskeln sind gelöst und entspannt.
Ruhe durchströmt dich und du gibst dich ihr hin.

Kerzenmeditation
27.09.2004

Deine Kerze hat den Abstand zu dir, dass du sie gut anschauen kannst.

Du sitzt oder liegst, vielleicht sogar auf dem Bauch mit verschränkten Armen, worauf dein Kinn liegt.

Um dich herum ist es, als wenn die Zeit stehen bleibt.
Ruhe breitet sich in dir aus.

Du schaust deine Kerze an.
Wie sieht sie aus?
Welche Form hat sie?
Was hat dich an ihr so angenehm berührt?
Womit vergleichst du deine Kerze?

Schau in ihr Licht.

Welche Gedanken strömen durch deinen Kopf, während du ihr Licht betrachtest?

Siehst du einen Unterschied zwischen einer nicht brennenden und einer brennenden Kerze? Was macht den Unterschied aus?

Was passiert mit deiner Kerze während sie leuchtet?
Was ist diese Kerze für dich?
Was kann dir diese Kerze geben?
Welche Kräfte stecken in ihr?

Was könnte deiner Kerze schaden?
Was kannst du tun, um sie zu schützen?

Mit jeder Minute, die deine Kerze leben kann, passiert etwas Winzigkleinweniges.

.... Gedanken laufen lassen ....

Weihnachtsgedanken am Kamin

Es ist ein Abend im Dezember. Du sitzt am Kamin. Sein Feuer wärmt dich.
Deine Gedanken machen sich selbstständig.
Dir geht es gut. Ja, klar waren da in der letzten Zeit Sorgen gewesen. Sorgen, mal kleiner und aus heutiger Sicht eigentlich nicht so schlimm. Große Sorgen waren auch dabei, aber auch sie konnten gelöst werden, obwohl du manchmal dachtest: „Das schaffe ich nie!"

Heute kannst du in Ruhe zurückblicken und ein Fazit ziehen: „Mir geht es gut!"

Ob es den Menschen in deiner Nachbarschaft genauso geht?

Was ist mit der Frau, die ihren Mann im Herbst beerdigt hat? Ist sie nun ganz alleine? Oder hat sie Glück und verbringt das Weihnachtsfest bei ihren Kindern?
Hatte sie Kinder? Wie geht es ihr eigentlich jetzt? Seit 3 Monaten ist sie nun schon alleine. Ob sie einsam ist?

Du hast deine Freunde. Sie rufen oft an, verabreden sich mit dir, spenden dir Trost, wenn du ihn brauchst, lachen mit dir, wenn euch danach ist. Freunde zu haben ist ein großes Glück.

Ob das kleine Mädchen im Nachbarhaus auch eine Freundin oder einen Freund hat? Die Eltern haben nicht viel Geld. Der Vater ist schon länger arbeitslos. Wie feiert diese Familie Weihnachten? Findet das Mädchen unter dem Baum ein kleines Geschenk? Es muss doch sein Geschenk der Freundin zeigen........oder kann sich diese Familie noch nicht einmal einen Weihnachtsbaum leisten?

Das Kaminfeuer prasselt richtig, die Wärme erfüllt dich. Vor dir auf dem Wohnzimmertisch steht ein Glas Rotwein. Du hast es dir so richtig gemütlich gemacht. Eingekuschelt in deine Decke lässt du deinen Gedanken weiter freien Lauf...

Wie verbringen Obdachlose diese kalte Jahreszeit. Du hast schon von Erfrorenen gehört. Warum leben denn diese Menschen überhaupt auf der Straße? Hat unser Staat denn auch wirklich alles getan, um die Armut zu lindern oder gar zu verhindern? Oder haben sich die Menschen ganz bewusst für ein Leben auf der Straße entschieden? „Ich könnte niemals auf der Straße leben", das sind jetzt deine Gedanken. Brrrrr, es schüttelt dich richtig, wenn du an das feuchtkalte Wetter da draußen denkst. Dir wird ja so bewusst: „Mir geht es gut!"

Na klar, dir geht es nicht immer so, wie in diesem Moment. Auch du hast deine Höhen und Tiefen in den Jahreszeiten. Auch du wirst nicht verschont von Krankheiten, Leid und Kummer. Aber du hast ein Dach über dem Kopf, du hast es jetzt kuschelig warm...................da gibt es Menschen, welche kein Geld haben zum Heizen. Menschen, die sich im Bett unter allen Decken, die sie finden konnten, zusammenkuscheln......sich gegenseitig Wärme spenden, sich erzählen und ....lachen.
Ja, auch dieses habe ich schon persönlich bei Nachbarn mitbekommen. Da gab es damals in der Woche vor dem nächsten Zahltag kein Geld mehr für Kohle oder Briketts.

Du hast gestern einen Marienkäfer in deiner Wohnung gefunden, jetzt, mitten im Winter. Klar hast du dich gefreut und ihn in deine Blumen am sonnigen Fenster gesetzt....... Wo und wie überwintern Marienkäfer eigentlich?
Ach, wo wohl jetzt die ganzen dicken Schnecken mit ihren Häusern auf dem Rücken sind? Erfrieren tun sie ja nicht, denn schon im Frühjahr hast du sie gesehen.....oder?

Es ist schon eigenartig.....jetzt, mitten im Winter denkst du darüber nach.

Der Sinn des Lebens....Fragezeichen oder Ausrufezeichen?!

Hmmmmm.......einiges hast du ja schon kapiert in deinem Leben....aber da gibt es doch noch sehr viele Fragezeichen. Fragen, auf die du im Moment beim besten Willen keine Antwort hast. Fragen, die dir jetzt, ausgerechnet jetzt einfallen.

Warum ist das so? Wer hat sich das alles ausgedacht? Warum gibt es Armut und Leid auf der Welt? Kann ich.....kannst du daran etwas ändern?

Ich denke, wenn wir niemals vergessen uns diese Frage zu stellen und dann beginnen zu handeln......dann hat die Welt noch eine Chance. Dann ist die Witwe nicht mehr so alleine, dann hat das Mädchen die Chance auf eine Freundin und die Obdachlosen ab und zu strahlende Augen..........

Dann können wir uns ruhigen Gewissens zurücklehnen und das Kaminfeuer genießen.

Zurückkommen

Du fühlst dich mit deinem Körper verbunden.

Deine Innenwelt und deine Außenwelt sind im Gleichgewicht.

Du bist im Fluss mit dem Rhythmus deines Körpers.

Grenzenlose Energie strömt durch deinen Körper.

Du spürst und genießt deine Vitalität.

Mit dieser Energie und Vitalität kommst du nun ins Hier und Jetzt.

Atme ganz tief ein.

Balle deine Hände zu Fäusten, recke und strecke dich.

Dir geht es gut.

Inhaltsverzeichnis

7   Wie alles begann

8   Traumreisengedicht

9   Traumreisenseminare

10   Einstimmung

11   Faschingszeit - Narrenzeit

12   Die Sonne Sri Lankas

13   Südseezauber

15   Treppen

17   Fritzlar

19   Frühling in Bad Zwesten

21   Sonnenmeditation

23   Urlaubsträume

25   Urlaub in der Toskana

27   Kleinigkeiten

29   Spuren

31   Marbella

33   Über den Wolken

35   Nicht nur Jahreszeiten

37   Watteweich

39   Der Adler

70   Der Regenbogen

42   Die Wüste

43   Der innere Tresor

45   Der Mutmachbaum

47   Ein Ort der Ruhe

48   Baummeditation

50   Birkenmeditation

52   Buchenmeditation

54   Burg Landeck
56   Das Blumenkind
58   Atlantikküste
60   Der Bach
62   Der innere sichere Ort
65   Der Blumenstrauß
67   Dein schönster Geburtstagmorgen
68   Der Kuschelbär
70   Stille
72   Waldboden
74   Weites Land
75   Wunderwelt
77   Herbsturlaub
79   Himmlischer Winterwald
80   Wintervergnügen
82   Kerzenmeditation
83   Weihnachtsgedanken am Kamin
86   Zurückkommen
87   Inhaltsverzeichnis